秦皇岛市社会科学联合会 2023 年研究课题，课题
河北省"三农"智库建设的困境与发展路径研究（立项
编号：2023LX076）

秦皇岛"三农"智库
发展及建设研究

张宏卫　　张亚卿◎著

燕山大学出版社
·秦皇岛·

图书在版编目（CIP）数据

秦皇岛"三农"智库发展及建设研究 / 张宏卫，张亚卿著. 一秦皇岛：燕山大学出版社，2023.8

ISBN 978-7-5761-0510-0

Ⅰ．①秦… Ⅱ．①张… ②张… Ⅲ．①三农问题－研究－秦皇岛 Ⅳ．①F327.223

中国国家版本馆 CIP 数据核字（2023）第 057404 号

秦皇岛"三农"智库发展及建设研究
QINHUANGDAO "SANNONG" ZHIKU FAZHAN JI JIANSHE YANJIU

张宏卫 张亚卿 著

出 版 人：陈　玉			
责任编辑：孙志强		策划编辑：孙志强	
责任印制：吴　波		封面设计：刘馨泽	
出版发行：燕山大学出版社 YANSHAN UNIVERSITY PRESS		电　　话：0335-8387555	
地　　址：河北省秦皇岛市河北大街西段 438 号		邮政编码：066004	
印　　刷：英格拉姆印刷(固安)有限公司		经　　销：全国新华书店	

开　　本：710mm×1000mm　1/16		印　　张：11	
版　　次：2023 年 8 月第 1 版		印　　次：2023 年 8 月第 1 次印刷	
书　　号：ISBN 978-7-5761-0510-0		字　　数：174 千字	
定　　价：43.00 元			

前　言

在国内外悠久的历史发展长河中，绝大多数的执政机构都离不开各类智库机构的辅佐，智库是智慧产品的供给机构，可以集结多方思想、汇集多方才智，从全新的角度给出社会、政治、经济、教育、军事等问题的解决策略和咨询建议。时至今日，智库更是作为体现国家"软实力"的重要标志，在政府政策咨询和社会公众问题的解决方面起着重要的作用。中国经济进入新常态发展时期，同时又伴随着互联网、大数据、人工智能的快速发展，很多决策的制定都需要决策者具有更新的思维方式和更高的格局，故建设高水平、国际化的智库是大势所趋。

中国社会主要矛盾已经发生转变，农村发展的特色优势逐渐显露头角，新一代的农民已不再是传统的"土里刨食""面朝黄土背朝天"的一代。乡村振兴战略是促进农村发展、推动农民致富的重大举措。振兴什么？如何振兴？这一系列复杂问题的决策制定和实施涉及多方的利益关系，这些关系如果处理不好，可能会引发各类不可预期的社会问题和矛盾，所以推进"三农"类智库的建设成为亟待解决的问题。

秦皇岛位于我国华北的东北部地区，毗邻渤海，是我国第一批沿海开放城市。秦皇岛拥有丰富的农业资源，近年来农业产业化经营、特色农业产业园发展态势良好，取得了可喜的成果，乡村旅游也是省内首屈一指的优势产业，并成为当地农民增收的主要途径。秦皇岛"三农"产业飞速发展的同时，也引发了一些关乎民生的社会问题，例如：农村耕地集中经营问题、农村社会治理问题、农业技术推广问题等。这些问题都需要结合现实的背景条件及发展状况，因地制宜地采取有效的针对性措施，有些问题甚至没有先例可循。所以，建设具有针对性的"三农"智库，既能紧贴当地民情解决各类问题，又能有效正确地传达、解读并执行政府的政策方针，既能传承当地的风土人情，又可以吸取外来文化的精华。本书以河北省乡村振兴为背景，立足于秦皇岛市，探讨"三农"智库建设存在的主要问题及针对性的策略。笔者通过实地和网络调研分析了秦皇岛"三农"智库建设的现状，通过调研省内外、国内外较为成熟的"三农"智库的具体发展和建设情况，分析了秦皇岛"三农"智库发展的现状、存在的问题、主要改善策略以及未来应该发展的主要方向，得出秦皇岛"三农"智库的主要发展策略。本书从智库的发展定位、具体的组织模式、人才培养机制以及影响决策的途径等方面具体阐述了完善"三农"智库管理的主要路径。

在当前大数据、物联网、智慧农业等新的技术背景下，越来越多新的"三农"类的矛盾和问题涌现出来，需要更多的智库类组织和研究专家与学者参与到乡村振兴的伟大事业中来，使之真正成为秦皇岛乡村振兴的理性"外脑"，进一步提升政府对"三农"问题相关决策的前瞻性、科学性和客观性，进而提升政府的"软实力"。

目　　录

第一章　绪论 ·· 1

　　第一节　智库的概述 ······································ 1

　　第二节　我国智库发展的历史演进 ······················ 8

第二章　我国现代智库发展概述 ······················ 15

　　第一节　智库的特征、分类及其价值负载 ··············· 15

　　第二节　我国智库发展的现状 ························· 20

　　第三节　我国智库发展存在的主要问题 ··············· 23

　　第四节　推进现代智库建设的改革重点 ··············· 26

　　第五节　我国现代智库发展的新机遇及理性思考 ······· 31

第三章　相关理论基础及国内外研究综述 ··············· 34

　　第一节　智库相关理论基础 ························· 34

　　第二节　国内外研究综述 ··························· 38

第四章　"三农"智库概述 ························· 44

　　第一节　"三农"智库的含义及发展的时代背景 ········· 44

　　第二节　"三农"智库的分类 ······················· 46

　　第三节　"三农"智库典型案例 ····················· 56

第五章　秦皇岛"三农"智库建设的现状、发展方向及内容 ······ 66

　　第一节　秦皇岛"三农"智库建设的概述 ············· 68

第二节　秦皇岛"三农"智库建设的现状 ·············· 78

第三节　秦皇岛"三农"智库发展存在的主要问题 ········ 82

第四节　秦皇岛"三农"智库建设的主要内容 ·········· 88

第六章　秦皇岛"三农"智库建设的政策建议 ··········100

第一节　官方、半官方"三农"智库建设的对策 ········ 100

第二节　民间"三农"智库建设的对策 ··············· 102

第三节　高校"三农"智库建设的对策建议 ············ 104

第七章　秦皇岛"三农"智库体系的构建及影响力提升的策略 ······108

第一节　秦皇岛"三农"智库体系的构建 ············· 108

第二节　提升"三农"智库的影响力的对策 ············ 127

参考文献 ·· 136

附录 ··· 143

附录一　关于加强中国特色新型智库建设的意见 ········ 143

附录二　政府工作报告 ····················· 151

第一章 绪 论

　　纵观世界百年的发展历史，在各国政治、经济、文化发展的过程中，智库的智力支持的作用越来越突出。智库发展速度的快慢、水平的高低是一个国家"软实力"的重要体现，它既可以为各级各类政府的决策提供有益参考，又可以推进多层次民主决策制度的进一步深化，同时也是引领社会思潮、启发民智的思想库，是联通政界和学术高端人才的旋转门。秦皇岛的乡村振兴事业正在如火如荼地进行，这个过程是一个复杂的系统工程，涉及技术、资金、人才、信息、市场、渠道、法律、法规等方方面面，同时，很多地区的村民和干部大多思想意识比较落后，乡村产业发展的人才相对匮乏，所以"三农"智库建设的推进显得尤为迫切。

第一节 智库的概述

一、智库的含义

　　"智库"，最早出现在第二次世界大战期间的美国，主要指军事人员和文职专家讨论作战计划以及其他军事相关问题的军事部门，后来用来专指那些从事公共政策和国际问题的学术机构或研究所。

　　"智库"一词在《新牛津英语词典》中解释为"就一些具体的政治和经济问题提供意见或建议的专家机构"。按这一解释，只要是政治或经济类的研究机构似乎都可以称为智库，这难免过于宽泛，与现代意义的智库建设的基本要求和思想有出入。

"智库"（Think Tank）翻译为"思想库"，国际上最早的也是最权威的概念是：思想库是一种稳定的独立的政策研究机构，研究人员为解决与政府、企业和公众密切相关的政策问题，运用科学的研究方法进行跨学科的研究，并给出咨询建议。后期还有学者给出这样的定义："智库是进行政策研究或通过相关研究优化政策制定的独立性综合研究机构。"因此，智库是一种相对稳定的政策研究和咨询机构，该机构独立于政治体制之外，是公共决策制定的参与者之一，在世界各国的政治、经济、文化、国际关系等方面的积极作用越来越凸显出来。自 20 世纪 40 年代提出智库的概念以来，经过 70 多年的发展，学者们对"智库"这一概念的理解逐渐趋于一致：智库的功能定位是政策研究机构，工作内容是参与政策制定和接受咨询，服务对象是政府决策机构以及公民大众，工作目标是影响公共政策，其特征是独立性、非营利性、学科领域交叉等。我国智库专家于今强调："智库，也称智囊机构，是指由交叉学科的理论、实践专家组成的，为政府机构在解决社会、经济、科技、军事、外交等领域发展中的问题出谋划策，提供适宜的理论、策略、方法、思想等的研究机构。"这一概念对我国现阶段智库的内涵和外延给出了精准的概括，所以我国绝大多数学者对智库研究的界定也主要是围绕于今教授给出的这一定义的范畴。

二、"智库"与"思想库"的区别

严格来讲，"思想库"不能等同于现代意义的"智库"，二者在内涵和外延上有很大的区别，主要表现如下：

首先，智库更加注重智慧的运用、知识的重组以及知识产品如何在实践中指导决策咨询活动，更加强调知识、智慧、思想实际应用价值的兑现。思想库的说法仅仅关注智慧、知识、思想的存储和累积，是一个量的描述，忽略了智慧资源的应用性、实践性及其市场价值。这与现代"智库"的概念是相违背的，现代"智库"不是知识、理论的无序存储，而是理论知识、恰当研究方法和现实资源的有机结合，进而形成各类极具应用价值的智慧成果。所以智库不等同于"思想库"。

其次，"思想库"的提法很难体现出知识动态转化和应用的效果，而"智库"的提法绝不是静态的效果，它要突出人类智慧的积极主动运用的效果，更加强调人在理论知识基础之上的实践运用的动态调整和适应的过程，从词意表面来看，"智库"能够突破思想库的产品限制。"智库"同时还能与现代信息技术手段有机结合，形成联动效应，更有效地为政府机构、企业组织以及其他社会团体和个人服务。

最后，"智库"这一表达更加与当今时代特征紧密相关，在信息技术、人工智能、大数据广泛应用的时代，"智库"不是单纯的理论、思想汇集，而是在一定大环境和技术背景下运用既定的理论知识创造出新的智慧成果，这个成果需要对环境有很强的适用性，最终使得固化的理论知识落地生根，实现其市场价值和应用价值的最大化。

三、对"智库"概念的理解偏差分析

近年来，国家层面对于新型智库建设的重视程度有了很大的提升。智库在我国行政制度的制定、经济发展问题以及国际问题的解决等方面均起着举足轻重的作用，同时智库在公众中的影响力也明显增强。但是，在对"智库"概念的外延和内涵的理解上，一些学者及学术研究人员仍然存在一定理解偏差，主要归结为以下几种。

（一）智库是"知识人才的集合"

一部分社会公众认为智库就是由一些人才组成的社会机构，这种说法对现代智库的理解存在很大的偏差，忽略了智库人才的主观能动性以及专业性的特征。智库强调的是智库内部人员与人员之间的专业配合、智慧资源与信息资源的有效整合，不是简单的人才集合，而是通过能力的互补、资源的协调形成的思想共同体。

（二）智库等同于"智囊"

智囊是指受雇于某些官员或者决策制定者，并为其出谋划策的有才学的人，这体现的是一种雇佣关系，且存在一定的依附关系。现代智库的含义远远不止于此，智库是独立于其他服务机构的，二者之间不存在依附的关系，

一个智库可以同时与多家政府或社会机构开展合作，而且智库的观点和咨询结果是中立的，不会完全为了利益而牺牲公众的利益，这一点与智囊有质的区别。

四、智库与其他社会组织的区别

这里的其他社会组织指的是一些民间的研究所和私人咨询机构等。智库与这些组织的本质区别是：它是社会发展不可或缺的社会功能性机构。它承担着为社会发展提供适用的知识产品供给的任务。

（一）智库与咨询公司的区别

我国的咨询行业始于20世纪80年代，随着现代管理理念的深入人心，很多企业或社会机构主动跳出故步自封的圈子，聘请企业外部咨询专家参与企业内部的管理决策，进而实现更大范围内提升企业资源配置效率的目的。智库在社会经济行业中常常挂着研究机构、基金会和协会等牌子，与公共管理咨询公司十分相像。目前学界普遍认为，它们最大的区别在于营利性。咨询公司属于营利组织，而智库是非营利组织（NPO）。虽然智库有时也会盈利，但不是营利，没有逐利性，不以营利为主要目标。

市场上形形色色的咨询公司与现代智库的区别主要表现在以下方面：

首先，从提供服务的目的来看，咨询公司主要是最大化地满足客户的需求，为客户在经营决策、未来规划等方面提供咨询建议或协助出台规划方案。而现代智库的服务目的在于为政府机构或公众提供政策咨询、政策解读或舆论引导，主要是从服务社会的角度提供智慧产品的输出，而不是单纯基于某个企业或行业。

其次，咨询公司主要是为企业和社会团体提供服务，着眼于企业内部的人力资源管理、技术改进、股权设计等微观层面的问题解决。而现代智库主要着眼的问题是有关政府决策和公共事务的咨询。

再次，从二者的输出结果来看，智库研究报告的特点是学术性较强，思想的开发性、创新性、前瞻性突出，目的在于改善现行的公共政策，或提出超前的政策设想，对不特定公众的责任心高于对合同客户的责任心；而公共管理咨询报告的实用性和操作性较强，目的在于为公共政策发挥支撑、解读和宣传作用，首先要对合同委托客户负责任。一般情况下咨询报告仅仅对委托客户的某一具体事项做研究，以委托客户满意为准则，没有义务超出委托合同范围去研究、归纳和创新更宽层面的思想理论，对公共政策较少评价、评估，因而在学术刊物上较难公开发表。所以这两类报告的主要区分依据是看其能否在学术刊物上公开发表。

最后，大多数咨询公司是自负盈亏的独立组织，追求最大化的商业利益。现实中，一些管理咨询公司都是以企业模式运营的。近年来，国内的一些知名咨询公司的业务范围逐步扩大，开始尝试为政府及公共决策机构提供咨询服务，他们通过竞标的方式成为政府的政策制定体系中的一员，因此在形式上与现代智库有些相似。但是，现代智库追求的是社会利益的最大化，与咨询公司追求自身商业利益最大化的目标有本质的区别，这就决定了咨询公司提供的咨询结果很难从全社会的角度实现独立性和客观性。

（二）智库与社会团体的区别

社会团体指的是：社会公众自愿形成，为实现某种共同意愿，依据其组织章程开展相关活动的非营利性社会组织。社会团体这一概念的范围较广，在我国境内有各种各样且数量较多的社会团体，现实中，有些智库属于社会团体，有些智库则不属于社会团体，而是正规的国家机构，所以这两个概念在范围上有交叉，但不可混淆。事实上，社会上大多数的社会团体都不属于智库，区分二者的标志是看其是否以知识产品、智慧产品的供给为主要功能。

另外，成熟的社会团体通常是建立在共同意愿的基础之上的，所从事的服务内容是相对固定的，故其人员构成也是比较单一的，其立场、活动、观点受社会导向或政府决策的影响较大。智库观点独立、研究结论客观，由于不以商业利益为中心，故不受利益群体的牵制，以参与制定政策和咨询为主要业务内容。同时，智库所涉及的咨询内容的专业范围很广泛，通常以项目或课题的方式开展，周期长短不一。

（三）智库与政协组织的区别

政协组织由中国共产党、各民主党派、人民团体和社会知名人士组成，主要的职责和任务是"政治协商、民主监督、参政议政"。各级政协组织开展各种协商民主、参政议政活动的方针是"长期共存、互相监督、肝胆相照、荣辱与共"。政协组织跟智库相比都是参政议政，然而，政协组织与智库的区别很明显：

首先，政协组织是我国政权机构的组成部分，很多政策的制定都需要政协组织的直接参与，这是我国政治制度中团结和民主特征的重要体现，这对政策有着很强的影响力，尤其是关于少数民族政策制定、港澳台政策的制定等关乎民族团结和发展大业的重大事项的协商。

其次，政协组织的目标不是输出知识产品和思想产品，只是通过组织委员调研、召开民主协商会等方式收集社会阶层的反馈评价意见，向党和政府汇报反馈情况或协商结果。另外，政协的另一个重要任务就是对决策过程实施民主监督，促进政府决策的科学化、民主化的改进和提升，这也是智库产品向政策制定者传送的重要通道。

最后，政协组织人员来自不同的界别，其中包括社会各领域极具影响力的人物，涉及农业领域、技术领域、国际交流领域、企业管理决策领域等；而智库的主要工作内容是政策解读、宣传、政策制定建议以及社会公众关心的重要社会问题的调查和解决策略建议，遵循一定的工作流程，使用科学的方法开展研究和咨询。政协组织成员每五年一换届，定期更新；而智库由于其项目或课题的工作量不一，研究人员的工作周期不一，专家学者在智库中的工作年限有的长、有的短，所以其人才的管理和调配的制度也是有很大的区别的。

（四）智库与游说集团的区别

游说集团，也就是游说公司，大体可分为两类：一类是面向国内为各利益团体服务的，另一类则是面向外国政府为其利益集团服务。从古至今，历届执政掌权者的决策都会在一定程度上受到游说集团的影响，有的对社会发展起着积极的作用，而有的则起着消极的作用。首先游说集团是站在为其提供利益的一方，其立场与智库的独立性是有本质的区别的。而智库的各项活动以及智慧产品的输出和供给都是基于社会利益或公众利益最大化的目标，不以某个别利益群体为服务对象，它是公允的、独立的机构。

（五）智库与高等教育机构的区别

高等教育机构即大学，既是培养各类专业人才的专门机构，又是开展研究、创造知识产品的主要阵地。世界范围内很多智库来自大学内部，例如著名的"三乡人"智库最早起源于华中农业大学，还比如北京师范大学的中国教育与社会发展研究院、北京大学的国家发展研究院、斯坦福大学的胡佛研究所、哈佛大学贝尔弗科学与国际事务中心。智库的发展与大学的发展紧密相关，但也有本质的区别。近年来，随着智库行业的健康、正规化发展，智库可获得资金来源更加可靠，对智库的职业化要求越来越高，所以很多智库为了追求独立发展，逐步地与大学剥离，这一趋势也使得二者在社会功能和研究分工上有了显著的区别。

首先，大学是培养不同层次学生的重要基地，依据不同专业的培养目标，设置课程体系，理论与实践相结合，为学生提供学习成长的路径和空间。而智库则不具有此项功能。尽管国内外一些影响力大的智库也设有自己的研究生院，例如中国社会科学研究院，截至 2017 年年底，其拥有一级学科博士学位授权点 15 个、硕士学位授权点 17 个，二级学科博士学位授权点 111 个（含自主设置博士学位授权点 21 个）、硕士学位授权点 117 个。但大多数设有研究生院的智库组织仅有一些与本智库相关专业的博士研究生，不设本科招生计划，其目的主要是实现人才的集聚效应并扩大社会影响力。

其次，在科学研究方面，大学学者主要结合自身专业开展自然科学或社会科学方面的研究，研究目的是发现自然或社会规律，并利用规律分析专业领域中出现的前沿问题；而智库的研究内容主要涉及政府政策的制定、解读，以及对经济社会中相关的问题给出切实可行的解决对策。二者的研究内容界限分明，虽然有些智库学者是双重身份，既是智库聘请的研究专家，又是大学教师，但是作为两个角色，研究所涉及的方向和重点各有侧重。

（六）智库学者与公共知识分子的界定

智库学者是智库一员，但是在现实社会中还有与智库学者"近缘"的一类人群——公共知识分子（以下简称：公知），其精确定义是就公共事务面向社会公众发表意见的具有学术背景和专业素质的知识者。公知由有关媒体策划或推举而产生，有两个特点：一是关注社会、政治、文化、教育、环境等公共问题；二是注重对于当前社会的公共问题的阐释、评价和批评。公知常以社会评论家的身份出场，具有批判精神和道义担当，扮演着"忧国忧民""忠诚异见者"的角色。在西方社会，公知是社会历史发展的产物，而在中国，随着社会价值体系的演进和经济水平的发展，公知概念开始出现。公知虽然也涉及公共事务、影响公共政策，但是他们采用的方式是以个人身份发表时政和社会评论，而不是发表研究报告。有的公知本身也是智库学者，经常有智库邀请公知参与智库报告的研究写作。

第二节　我国智库发展的历史演进

智库在我国的发展历史悠久，出于维护自身的统治地位的目的，历代王朝都极其重视人才的聚拢，各类"谋士""幕僚""门客"制度为维护社会稳定和推动社会发展起到了重要的作用。

一、新中国成立前的智库（春秋战国至 1949 年）

（一）春秋战国时期的门客

在中国悠久的历史发展中，历代王朝统治者都不惜重金笼络人才、招募人才，可见知识、才学、智慧在国家治理和社会治理中有着不可或缺的地位。我国最早的智库雏形出现在夏商时期，例如商朝时期的家臣制度；到了春秋战国时期，诸侯割据，实力雄厚的诸侯国为了实现统一，统治者对谋士的需求和重视程度大幅度提升。经查阅历史资料，春秋时的刺客其实就是来自最早的官宦的门客，门客数量到战国时形成了较大的规模。由于领土纷争、势力割据，各统治阶层开始尝试新的人才制度，大范围揽纳有识之士出谋划策，随时准备应战。据记载，中国古代"战国四公子"的食客皆达 3000 人，很多成语记载了当时与门客有关的故事，例如：毛遂自荐、鸡鸣狗盗等。

（二）战国至明清时期的幕府

"幕府"最早指的是古代将军的军帐，亦指运筹帷幄之大将。后来将地方军政官吏的府署称作幕府。由于幕府中的僚属称幕僚，因此幕府制度也称幕僚制度。幕僚与正规的官吏有本质的区别。幕僚主要从事有关顾问、咨议谋划、参与决策、掌握机要、典属文书等相关事务，其中以参议决策和掌握机要为主要任务。在封建时期，幕府制度对于执政者的决策事务有着举足轻重的作用。幕府机构最早设在统领大军的将领左右，为将帅们分析军事局势，共同商讨应敌策略，幕府制度由此而建立，历史上有很多幕府在关键战略决策中作出突出贡献，受到统治者的嘉奖。在和平稳定时期，幕府逐渐开始出现在各地方的决策机构中，为地方官员的统治出谋划策。

（三）明清时期的东林党

"东林党"，不是我们现代意义上的党派，而是一些人基于某种政治目的自发组成的朋党。天启五年（1625年），魏忠贤为排除异己，采取行动严厉镇压该组织的讲学传道活动，东林书院毁于一旦。由于东林书院传授新知识、讨论国家大事，这吸引着不少仁人志士，包括一些不得志的书生和被贬的官员。他们不远千里，纷纷来投奔东林书院，即使人数众多、食宿环境比较差，但是仍然不能减退大家参议国事的热情。

二、新中国成立后的智库（1949—1990年）

（一）改革开放之前的科学研究机构

经历了抗击日本帝国主义的侵略和多年国内革命战争，中国人民站起来了。党和政府在总结过去历史经验的同时，探索社会主义现代化建设的新路径，建立了适合国情的组织机构制度，厘清了经济、文化等各方面的制度建设，全力推进科研机构的建设和发展。绝大多数的大学和科研机构主要采用中国共产党领导下的院长负责制，这一体制一直沿用至今。新中国成立不久，毛泽东主席就委派陈毅同志（时任上海市市长）在上海筹划组织建立上海政府参事室；同时，在周总理的亲切关怀下，中共中央成立了国务院参事室。参事室为各民主党派和社会人士参政议政提供了畅通的渠道，专家学者们充分发挥其经验、见识以及专业特长，为国家的发展建言献策，这也是我国民主决策思想的重要形式。1957年6月，本归属于中国科学院的哲学社会学部从中分离出来，形成了社会科学研究的专属部门，由中宣部统一领导和管理。同年，中国农业科学院成立，由国家农业部管理和领导。1966年，"文化大革命"开始，大多数科研机构和大学工作遭到破坏，陷入困境。1976年粉碎"四人帮"后，百废待兴，在中央政府的关怀和整治下，这些机构开始重整旗鼓，总结教训，开始尝试走出国门，学习智库机构建设的经验，共谋未来发展。

（二）改革开放之后的参考咨询机构

1978年，全国实行改革开放，新的思想和新的举措为经济、社会发展注入了强大的生命力，也出现了新的问题和新的障碍，政府开始推行各方面的改革，包括对社会科学研究机构等系统进行改革。随后我们的研究体系开始逐渐与国际接轨，快速提高了科学研究的研究能力，优化了研究方法，整合了研究团队，进一步激发了智库成长的活力。20世纪80年代中期，随着经济的发展和政治决策的需要，财政对研究机构的财政扶持力度加大，所以研究机构和研究人员在经费支配上更加自由，在科研选题上也有了更大的权限，他们可以结合自身的专业特长和时事热点问题开展研究。同时，政府大力鼓励高校设置自己的特色课程，培育自身的优势学科，发展研究特色，加速成果转化，为开展具有现实意义和理论价值的研究奠定基础。随着人们思想的开放和国际大环境的快速演变，国内研究机构的国际交流活动日益频繁，通过参加国际研讨会议、出版专著、互派专家等方式逐渐在国际舞台亮相。同时，国内研究机构尝试学习国外的科学研究体系，所以当时出现了一批善于运用不同研究方法论的科研人员。随着机构改革和创新的深入，研究机构参与国家政治、经济、社会决策的频次越来越高，提出的决策建议的采纳率逐步提升，特别是中国社会科学院等研究机构的专家顾问对我国改革开放中遇到的各类问题的解决策略，具有很强的时代意义和现实意义。随着市场经济大幕的全面拉开，企业、社会咨询事业也崭露头角，1979年中国企业管理协会成立，该协会的很多咨询报告用于各级政府的产业调整规划、战略布局、国际政治、企业管理以及个人研究等。1986 年 8 月 15 日，时任国务院副总理的万里同志在《人民日报》发表观点，明确表示"软科学研究就是在国家或企业决策过程中，采用民主和科学的方法，发挥现代科学技术的优势，采用定量或定性的研究方法，开展的多学科的综合性研究"。软科学研究的目标就是实现决策的科学化、制度化和民主化，使知识产品更有效地服务于我国的现代化建设。2003 年，胡锦涛主席提出了科学发展观的新思想，中央政府对国家和地区发展规划的相关政策研究、解读、宣传、建议越加重视，进一步强调了科学研究和学者咨询意见或建议对中国软实力提升的重大作用和意义。同时，随着政府对机构基础研究经费上的进一步扶持，研究机构的成长速度进入空前的状态，政府也越来越重视外部咨询机构对重大战略规划的观点的表达，咨询建议的途径也越来越明晰，采用科学基金项目等形式就政府关注的规划问题、发展问题、政策问题、国际局势问题进行公开招标，逐渐形成了研究机构之间的公平竞争。有竞争就有成长，这促使研究机构继续深耕理论知识、总结实践经验，以获得更多的经费支持。

与此同时，在一些重大的国际问题上，例如：国际外交政策、世界粮食安全、气候和能源变化等问题，高校和研究咨询机构通过为政府部门决策者授课、参与演讲、讨论、提供内部研究报告等方式，大大提高了政府及相关部门的政策制定的效率及执行的效果。

三、中国新时期智库（20 世纪 90 年代至今）

20 世纪 90 年代以来，我国改革开放成果显著，新的社会问题也随之产生，各级政府清楚地认识到各类决策民主性、科学性重大意义。近年来，科学研究机构注重发挥自身的研究专长，同时结合当前国内外的一些关注度高的重大问题，不断拓展新的研究角度，试用新的研究方法，开展多种形式的成果交流活动，持续推进智库建设实践。2011 年 11 月，在党中央的扶持下，中国社会科学院先后成立财经战略研究院、亚太与全球战略研究院和社会发展战略研究院，这是我国首批新型、跨学科的学术研究机构。随着市场环境的良性发展，政府鼓励社会型智库的发展，例如：阿里巴巴智库、天择经济研究所等就是在这样的背景下发展壮大起来的。2015 年 6 月 4 日，农业部强调，为实现农业农村经济健康有序发展，迫切需要建设一批高水平的农业类智库。2015 年 12 月，国家推选出中国社会科学院、国务院发展研究中心等 25 家研究机构作为"国家高端智库建设试点单位"，要求试点单位与世界知名智库多学习、多交流、多互派学者，学习其成功的发展路径、管理组织制度和人员激励制度，目的是推进我国智库建设的发展进程，努力建成有世界影响力的高端智库。

2021 年 1 月 28 日，《全球智库报告 2020》（2020 Global Go To Think Tank Index Report）在纽约、华盛顿、伦敦、巴黎等世界近 130 多个城市隆重发布。由于全球疫情的影响，此次发布会选择网上进行，由 TTCSP（美国宾夕法尼亚大学智库项目）智库研究项目主任詹姆斯·麦甘主持，国际上近 750 位智库领袖、专家参会。《全球智库报告 2020》（以下简称《报告》）由麦甘博士领衔的团队完成，此前，他们已完成 14 年的全球智库报告，此报告在全球智库评价领域具有很高的权威性。该报告自 2006 年首发，之后每年发布一期，拥有一套公平合理的智库评价体系，通过对国际上的智库进行综合评价排序，进一步探讨和研究智库如何在国家治理和社会发展中发挥其"外脑"的作用。因此，TTCSP 也被誉为"智库的智库"，其每年发布的全球智库排行榜也是世界范围内认可度最高的排名体系，发布会当日也被称为"智库日"。

如表 1.1 所示，2020 年，美国拥有的智库数量是 2203 家，稳居第一且遥遥领先。中国上榜智库有 1413 家，数量上位居全球第二，第三名是印度，有 612 家，第四名英国 515 家。2019 年没有在"2019 全球智库最多国家（前10）"之列的韩国 2020 年以 412 家的智库数量，位居第五。同样，2019 年没有在此列表中的越南取代了意大利，成为 2020 年智库数量最多的国家第 10 名，达 180 家。同时，2019 年在列的俄罗斯并未在 2020 年的前十之列。

表 1.1　2020 年全球智库最多的国家（前十）

序号	国家	排名	拥有智库数量
1	美国	1	2203
2	中国	2	1413
3	印度	3	612
4	英国	4	515
5	韩国	5	412

（续表）

序号	国家	排名	拥有智库数量
6	法国	6	275
7	德国	7	275
8	阿根廷	8	262
9	巴西	9	190
10	越南	10	180

数据来源：《全球智库报告2020》

通过宾夕法尼亚大学 2007—2016 年 10 年间世界智库报告统计数据发现，全球智库数量呈现逐年上升的趋势（仅在 2014 年有少量下降），可见，大多数国家对于智库的建设和投入都在逐年加大，各级各类机构对于智库知识产品的需求不断加大，各国都在不遗余力地推进自身软实力的建设。

从智库所属国来看，美国的智库数量位居世界第一，其智库规模、知名度和影响力都位于世界前列，美国智库数量从 2010 年的 1816 家逐年增长到 2020 年的 2203 家，如表 1.2 所示。这与美国智库的治理模式以及其自由的学术氛围是密不可分的。

表 1.2 2010—2020 年全球及主要国家智库数量变化情况

序号	全球总计	美国	英国	中国	德国	印度
2010	6480	1816	292	425	191	425
2011	6545	1815	292	425	194	425
2012	6603	1823	288	429	194	429
2013	6826	1828	287	426	194	426
2014	6681	1830	287	429	194	280
2015	6846	1835	288	435	195	280
2016	6846	1835	288	435	195	280
2017	7815	1872	311	512	214	444
2018	8162	1871	321	507	218	509
2019	8248	1871	321	507	218	509
2020	11175	2203	515	1413	266	612

数据来源：中国社会科学院智库报告

我国的智库数量在 2010—2020 年也出现了快速增长的现象，2020 年智库数量（1413）是 2016 年（435）的 3 倍多，智库总数量稳居世界第二，在发展规模、成长速度以及研究特色方面均成果显著，引起了西方社会的广泛重视。英国智库的实力也是不容小觑的,有 1 家智库位居全球前 10 位,有 7 家位居全球前 50 强。2016 年德国的也有 7 家智库位列前 50 强,但其智库排名的位次总体超过了英国。可喜的是,我国智库发展时间不长,但是在世界智库之林中异军突起,中国现代国际关系研究院(排名第 33 位)、中国社会科学院(排名第 38 位)、中国国际问题研究所(排名第 40 位)这 3 家智库也成功入选前 50 名。

多家中国智库在政策研究、传播、创新管理和合作方式等多方面荣获特殊贡献奖,如在"全球最佳倡议宣传智库""政府附属单位智库""多方机制性合作智库""管理智库""创意或模式创新智库""新兴智库""智库会议""智库网络""政党智库""跨学科研究智库""大学智库""社交媒体及网络运用智库""最值得关注智库""对外关系及公共参与智库""互联网应用智库""媒体应用智库""最具创新提议智库""最具公共政策影响力智库""杰出政策研究智库""独立智库""年度运营预算少于 500 万美元的顶级智库""质量保证和诚信政策程序智库""独立区域研究中心""2016 ~ 2019全球卓越大学地区研究中心""全球最佳人工智能政策和战略智库"等榜单中均占有一席之地,我国智库的实力和特色逐渐凸显出来,国际影响力也与日俱增。

值得关注的是,2020 年以来,在新冠肺炎疫情的影响下,TTCSP 最新设立了"全球最佳政策及系统性应对新冠疫情榜单"。中国安邦集团、中亚区域经济合作学院、全球化智库(CCG)、北京市长城企业战略研究所(GEI)、团结香港基金(中国香港)智库等 5 个智库机构位列其中。这再次说明,我国智库在世界关注的热点问题方面与时俱进,"软实力"进一步提升。

第二章 我国现代智库发展概述

第一节 智库的特征、分类及其价值负载

一、智库的特征

（一）组织方面的特征

1. 独立性

智库的独立性，即智库不依附于其他组织，为政府或公众提供客观、中立的政策建议。智库独立，观点才能独立，才能真正满足社会公众的需求，因此可以说独立性是智库发展的生命力。布鲁金斯学会董事会主席约翰·桑顿提出：布鲁金斯学会做智库，有三大核心价值指标，即独立性、影响力和质量，其中独立性是最重要的。然而，现实中，智库难免会受到不同执政党实力的影响，所以智库要独立，就必须增强其自身的发展实力和成果的影响力，同时获得稳定的资金来源也是至关重要的，有了充裕的研究经费，就可以在一定程度上避免依赖单个组织或政党。

独立性首先要保证政策观点的独立性，其次是智库组织形式的独立性以及资金来源的独立性。组织形式的独立性指的是智库不依附于任何政府或组织，也不隶属某利益集团，是一个独立的组织或法人。组织形式上实现独立，智库就可以在研究内容、研究方法以及研究成果上最大限度保持客观和中立。智库的独立还应体现为资金分配使用上的独立，即智库结合自身的项目或课题的开展情况，由智库领导层及管理者来决定经费的调拨、分发及使用情况，不依附于任何智库外部的组织机构或个人。通常，我国智库的资金来源主要

有政府、企业、个人以及基金会捐助等渠道。智库管理者可以通过智库成果的影响力来吸引多方渠道的资金，进而保证在资金的使用过程中不受牵制。

这里我们强调的智库独立性是一种相对的独立，而不是完全绝对的独立，即智库建设和发展要植根于国家的政治、经济和文化环境，智库要依托社会公众的需求来开展课题的研究和咨询。无论进行哪个专业领域的研究都要以国家利益为重。虽然在研究过程中可能存在不同文化背景和意识形态的差异，但是坚持中国特色的价值观体系是坚定不移的。

2. 非营利性

官方智库是一个非营利性组织，这也是智库与其他社会咨询机构的本质区别。政府机构向智库提供研究调研经费，智库免费为其提供政策咨询、解读、建议以及宣传，属于公益性组织。当前，我国官方智库属于公益性事业单位。除了官方智库外，我们还有很多的民间智库和高校智库，这些智库的研究和咨询活动具有一定的营利成分，通过开展智库营利性的业务活动，获得营利性收入，通常这些收入用来支付研究人员及管理人员的工资，或者以股权激励的方式发放给研究人员，进一步促进他们工作的主观能动性的发挥。

3. 组织的稳定性

由于智库有为政府和社会提供政策咨询服务这一职能，所以智库的稳定性是很重要的一个标志特征。所谓稳定性主要指的是智库发展定位的稳定性、结构运行的稳定性、人员配备的稳定性这三个方面。智库的发展定位是智库稳定的基础，这个定位主要指的是智库的短中期发展目标的描述和界定、服务对象、服务内容等方面的界定。智库结构运行的稳定包括智库的组织构架、部门分工、职责描述、组织制度等方面的设定相对固定。人员配备的稳定性包括人员的数量、人员的构成比例、科研人员的工作制度及工作职责等方面的界定。只有保证以上三方面的稳定，智库才可以有效、持续地为政府、社会以及企业提供稳定的思想产品。

（二）研究业务方面的特征

智库组织的主要职责就是开展特定领域里的相关政策咨询、政策的制定以及社会问题解决方案的提出，所以在研究业务方面呈现出如下特点：

1. 专业性

从事智库研究工作的专家和学者通常都需要有很强的专业学习背景，在此基础上通过跨学科的协同作用，运用适宜的研究方法形成知识产品，这个过程是脑力加工的过程，是一个理论与实践相结合的过程，单纯的理论知识的累积是达不到服务对象的具体要求的，所以政策制定者需要征集这些专业人士的观点和策略，这样才可以使决策更加科学实用。

2. 多层次性

智库发展存在明显的多层次性，这是由于智库服务因服务对象、行政区划的不同所导致。这种多层次性不会在短时间内消失。智库的服务对象很广泛，既有政府机构，又有社会机构、中小企业或部分公众。对于官方智库而言，不同层级的智库服务于不同层级的政府机构，不同专业领域的智库服务于不同的政府决策部门。

3. 多学科化

当前，世界各国在政治、经济、军事、国际领域等方面的问题日趋复杂化，涉及多个领域，不是单个学科就可以解决的问题，所以要求智库的研究是综合性的。要解决各种跨学科的综合性问题，就要求研究人员拥有多学科的知识背景，并能够对相关专业技能进行有机的融合，这样才可以有针对性地解决复杂、多元的问题。

4. 知识工具和信息技术的作用愈加明显

"工欲善其事，必先利其器。"信息技术的迅猛发展，为智库专家在资料分析、数据处理方面提供了新的手段和工具，这样不仅大幅度节省了调查研究的时间，也极大地提高了资料分析结果的准确性。近年来，大数据技术的应用范围已经渗透到公众生活的很多方面，智库在参与政策制定的过程中，很多方面也应用现代大数据技术进行了数据的分析以及政策实施预测与评估。

二、智库的分类

21世纪之初，我国各类智库的数量开始激增，智库的分类标准不一。

从智库的隶属关系来看，上海社科院智库研究中心按照智库的所属性质把智库分为四个大类：党政军智库类型、社会科学院智库类型、高校智库类型和民间智库类型①。党政军智库指存在于执政党、政府结构、军队系列内部，为各级领导层提供决策咨询和服务的智库，如国务院发展研究中心、中共中央党校等智库机构。社会科学院智库包含中央社科院及地方社科院的社科院系统，表面上不隶属于政府体系，实质上与政府机构的决策制度紧密相关；高校智库是隶属于大学内部的研究机构，主要从事政策研究以及参与决策制定；民间智库多数是由企业、私人或民间团体创设和出资组建的政策研究机构。

也有学者依据智库的功能，从行政和学术两个层面考虑，分为行政型智库、学术型智库、半行政型智库三类。有的依据智库的组织形式将智库分为公司型智库（美国兰德咨询公司属于此类）和社团型智库（美国传统基金会智库属于此类）。这种分类实际上将官方背景的智库排除在外了。

三、智库的价值负载

（一）知识价值

智库的知识价值主要体现在三个方面。第一，智库生产思想产品或知识产品的过程，实际上就是一种知识重构、知识再造的过程，在这一过程中，智库运用专家学者的知识和智慧，结合服务对象的需求，提出对应的建议或具体举措。第二，智库的智慧产品，例如：提案、研究报告、技术指导策略等，具有较强的传播性和实际应用价值，可以转化为生产力，促进问题的解决，进而给公众和社会带来收益或价值。第三，在智库进行持续研究以及政策咨询活动的过程中，智库专家学者还会开发和探索新的理论或研究方法，这也是智库价值负载的重要方面。例如：中央党校的周为民教授提出的"效率优先，兼顾公平"②的理论，为后续我国科学合理的分配制度的形成提供了理论基础，也大大刺激了广大劳动者的积极性和创造性以及主人翁精神的形成。

---

① 吴宗哲.中国特色新型智库建设问题研究[D].辽宁：大连理工大学，2015.
② 杨宾.应当坚持"效率优先，兼顾公平"的原则：访中央党校经济学教授周为民[J].前线，2003（8）：12-14.

（二）产业市场价值

任何产品或服务的市场价格都是由其在特定市场上的供给量和需求量所决定的，智库产品之所以日益受到政府、社会乃至公众的信任，主要是因为我国目前处于经济社会发展的新常态时期，这一时期政治、经济、社会、技术的发展都进入了新的阶段，新的阶段对应着新的社会关系、社会问题和矛盾冲突，需要政府、社会、企业、公众用新的视野来看待和分析问题，这时候就需要专门的智库机构提供相关的咨询和解读的信息，所以智库产品的供给也必须跟得上。因此，现在及未来智库产业具有很大的市场潜力，有着前所未有的发展机遇，加之政府的扶持和资助，智库产业的发展前景是光明的。只有实现供需双方的双向驱动，智库才能起到集聚人才、服务社会的作用，进而提供更多优秀的智慧产品。

（三）应用价值

智库的知识产品或智慧产品不是束之高阁的理论，而是应实际需求而生的，所以其具有很高的现实应用价值，智库产品供给的出发点是解决问题，即有针对性地提出接地气的、满足服务对象需求的对策、建议、方案、研究报告等。例如，2021年中国农业科学院在粮食作物定向设计育种、园艺作物定向设计育种、动物新品种国产化选育、农作物病虫草害绿色精准防控、重大动物疫病快速诊断与防控、农业资源高效循环利用等19个方面开展了科技创新工程，推出了前沿的农业指导技术和成果，这些成果经过转化后都可以成为农业发展的有力支撑，技术应用价值和市场前景都是很可观的。

（四）交流价值

思想产品是多方专家学者集体智慧的结晶，在研究的过程中，要经过思想的交流和碰撞，这样产出的决议、对策才能更全面、更有效地解决问题。所以，为了更好地开展交流活动，智库组织会定期主办或参与各类的研讨会、论证会、合作交流会等活动，在交流的过程中了解研究前沿热点问题、分享观点、学习经验、传播新的研究方法和理论知识。所以，各大智库都在努力搭建一个便于专家学者开展交流的平台。随着互联网技术的渗透，在国内外搭建跨学科的综合的学术交流平台和组织是大势所趋。智库通过多频次地交互和沟通，使得纷繁复杂的研究问题有了更多的解决思路和路径，不同国家和地区之间的研究者互相启迪和引领，进而产出更高质量的思想产品和技术产品。

第二节　我国智库发展的现状

一、我国各类智库数量大幅度增加

自 2000 年以来，我国的智库发展取得了长足的进步。由 TTCSP（美国宾夕法尼亚大学智库项目）研究编写的《全球智库报告 2020》显示，2020 年全球智库数量达 11175 家，亚洲取代欧洲成为智库数量最多的地区，共计 3389家（30.3%）。欧洲和北美洲智库数量比 2019 年也有所增加，分别为 2932 家（26.2%）和 2397 家（21.4%）。中南美洲为 1179 家（10.6%）、撒哈拉以南非洲地区 679 家（6.1%）、中东以及北非 599 家（5.4%），它们的智库数量稳中有升。数量上，美国智库仍然高居榜首（2203 家），中国位列第二（1413 家），印度第三（612 家）。

国内从地域上来讲，北京和上海聚集了国内大多数有影响力的智库。在 2019 和 2020 两年的智库报告中，北京有 7 家、上海有 2 家位居综合影响力排名十强。如果将范围再扩大到前 30 位的智库中，三分之二位于北京，约五分之一在上海，其次是沿海地区，内陆地区占的比例很小。智库的这种地域聚集性是显而易见的，即智库会在政治经济中心附近形成集聚，因为这样可以更加靠近客户需求。同样，美国纽约和华盛顿聚集了美国大量的知名智库。在经济发展落后地区，由于政府的思维传统，不重视智库发展，科学管理意识较弱，民众表达心声的渠道比较狭窄，智库的需求和供给的市场力量微弱，所以无法形成智库的聚集效应。

二、影响力有待进一步提升

智库影响力，即智库直接或间接地影响政策制定过程或改变政策决策者的思想观点的能力。智库的影响力是评估智库综合实力的重要指标之一，堪称智库的生命线，也是智库存在价值的重要体现，也就是说毫无影响力的智库是没有存在的必要的。智库虽然以政策决策为主要研究对象，但不拥有任何行政权力，也不能像企业组织那样追求利润，只是通过为政府决策制定部门提供相关的"智力产品"（例如思想、方案、建议等），进而影响政策的制定和实施。

我国智库起步比较晚，虽然发展较快，但在全球范围内的综合影响力不大，如表 2.1 所示，中国无一家智库进入 2020 年全球顶级智库前 10 名。近年来，国家层面大力支持新建智库，国务院就智库建设出台了指导性的方案和要求，使得智库的发展有了明确的发展方向指引。另外，我国智库在全球治理和多边外交中的作用越来越显著，在世界政治舞台上拥有一定的话语权。《全球智库报告》中全球顶级智库排名中，国务院发展研究中心等 8 家中国智库连续 3 年入选全球百强智库榜单，如表 2.2 所示。

表 2.1　2020 年全球顶级智库前 10 名

序号	智库名称	所属国家
1	卡内基国际和平基金会	美国
2	布鲁盖尔研究所	比利时
3	热图里奥·瓦加斯基金会	巴西
4	国际战略研究中心	美国
5	国际关系研究所	法国
6	皇家国际事务研究所	英国
7	兰德公司	美国
8	日本国际问题研究所	日本
9	彼得森国际经济研究所	美国
10	伍德罗·威尔逊国际学者中心	美国

数据来源：《全球智库报告 2020》

表 2.2　2020 全球顶级智库百强排名（上榜中国智库）

序号	智库名称	全球排名
1	中国现代国际关系研究院（CICIR）	18
2	中国社会科学院（CASS）	38
3	中国国际问题研究院（CIIS）	50
4	国务院发展研究中心（DRC）	56
5	清华－卡内基全球政策中心	58
6	全球化智库（CCG）	64
7	北京大学国际战略研究院（IISS）	81
8	上海国际问题研究院（SIIS）	96

数据来源：《全球智库报告 2020》

在我国，成熟的综合智库相较于专业智库而言，其影响力较大。从国际范围来看，智库发展大概有两个主要方向：一是在国内及世界范围内有较大影响力的智库，例如：韩国对外经济政策研究院（KIEP），美国布鲁金斯学会、兰德公司等综合性智库。二是在专业领域内影响力较大的专业型智库。例如：伦敦国际战略研究所、皇家国际事务研究所和三军研究所在"二轨外交"方面具有很强的国际影响力。国际智库发展的综合性与专业性是智库发展的两大趋势，而我国智库目前专业化发展不明显，因此，国内智库发展要兼顾综合性和专业性两个方面，避免大而不强。地方高校以及民间智库与官方智库在研究内容和管理体制以及资金来源上有很大的区别，所以它们应结合当地资源、地方特色以及所处的发展阶段，形成研究差异化，培育和突显专业优势，逐步推进研究的专业性建设。

三、中国智库在政府决策中的作用模式

智库被认为是人类认知和思想界的革命性变革，在政府的决策制定和实施中起着举足轻重的作用。智库一般通过以下四种模式参与政府的决策。

（一）直通车模式

政府在制定政策的过程中，不通过第三方发布服务需求，而是直接组织专家学者进行研讨或座谈，政府官员和咨询专家面对面就决议草案、政策制

定或政策解读、技术推广应用等方面的专题展开信息的交流和沟通。这种模式的好处是传播的信息不失真、开诚布公。缺点是专家学者在沟通的过程中有可能碍于面子或权势，只表达积极的方面，而忽略消极的方面。

（二）内参模式

这种模式是最常见的一种智库参与政策制定的方式。为了更有效参与到政策制定的过程中来，智库需要了解政府选择内参的标准、流程和渠道。我国智库内参的具体形式有定期报送研究成果、参与委托课题等方式。高校智库一般都是通过这种模式参与政府政策的制定或社会问题的解决。

（三）外围模式

这种模式的主要特点是不直接参与政府政策的制定活动，通过研究成果或者有影响力的学术活动形成声势或力量，进而间接地影响政府政策的制定以及问题解决方案的出台。这是大多数民间智库的参政模式。这种模式需要发挥智库的传播影响力，借助网络的力量，使智库的呼声引起决策者的注意，进而推进政策的制定和社会问题的有效解决。

（四）施压模式

施压模式一般在多党轮流执政国家应用得比较多。竞选成功的执政党上台，出台相关的政策影响到在野党拥护者的利益，但是又没有正规的渠道去表达诉求，这时候智库就要运用自身的声望和影响力，将政策建议或观点借助媒体公之于众，引起舆论，对执政党决策者施加压力，以期调整或改善某一政策措施。

第三节　我国智库发展存在的主要问题

尽管我国智库的发展已经取得了可观的进步，但与国外智库相比，仍存在一些问题。这些问题是制约智库发展的瓶颈，也是智库改革发展的重点问题。

一、知识产品前瞻性和时效性方面有待改善

我国官方以及半官方的智库，大部分的资金来源于财政拨款，尤其是官方智库都属于事业单位，属于"体制内"。由于这一特征，官方或半官方智库主要的倾向是宣传和解释政府政策。传统的科研考核体系使得科研人员的精力和努力方向更加倾向于自身比较熟悉的领域，而回避新的领域、新的问题、新的矛盾，所以学者们缺乏积极主动的研究意识，研究人员会把更多精力放在学术专著和论文上，在深挖理论研究、大范围实地调研方面投入精力较少，因此得出的研究成果的实用性就会大打折扣。另外，现实中科研成果转化的过程还会受到资金或体制方面的一些限制，能够给政府提供的前瞻性的政策建议也会受到影响。西方智库的业务多数来自政府的委托课题，研究人员就这些课题开展调研，提出独立的政策主张，提供高质量的决策建议。例如，美国政府对苏联近 40 年的遏制战略制定的基础是源于美国对外关系委员会的一篇智库文章——《评论"苏联行为的根源"》。

二、智库人才构成和内部分工的合理性有待改善

从世界范围内来看，智库专家学者在知识构成上比较注重跨学科的协同效应，既重视个体研究人员自身专业学习和领悟的深度、涉猎相关学科的广度、科学成果的前沿性和理论预测前瞻的远度，又要鼓励在研究过程中研究团队成员彼此之间形成协同效应和配合默契度。在综合类型的智库中，不仅要加大自然科学方面的研究资源的投入，同时社会科学方面的专家学者也不容忽视，二者应形成合理的比例。例如，国际应用系统分析研究所的研究人员的构成比例如表 2.3 所示。

表2.3 国际应用系统分析研究所研究人员专业构成

研究人员专业类别	人员所占比例
经济学	21.2%
数学	11%
工程技术及计算机	10.3%
物理学和环境学	9.6%
系统分析学研究人员	8.6%
生态与社会学研究学者	8.2%
生物学	3.4%
其他	27.7%

美国智库兰德公司高级管理者认为，研究专家团队的组建，主要是两个方面：团队精神和所需的研究能力与技术水平。这些学者必须具有独特的研究视角与丰富的研究经验，才能实现既定的研究目标。另外，国外智库对智库辅助管理人员十分重视。同时，助理人员和行政人员在员工中占比也比较高。国外智库对辅助管理人员的入职要求较高，通常需要知名院校毕业的本科生或研究生，具有较强的科学研究能力、数据分析能力，同时还需要一定的沟通协调能力和突出的团队奉献精神。兰德公司的经验是"两个优秀的研究人员的组合效率低于优秀的研究人员＋合格的助理的组合"。各知名智库主辅人员比例如表2.4所示。

表2.4 知名智库主辅人员比例表

智库名称	主辅人员比例
华盛顿国际与战略研究中心	1：1
胡佛研究所	1：2.5
布鲁金斯学会	1：3

目前，中国智库比较重视科研人员在智库总人数中的比例，这样一来，研究人员即既要从事专业的研究工作，又要抽出时间和精力去处理日常的一些行政事务，使得研究人员很难专心进行专业研究工作。研究工作的性质就决定了科研人员需要全身心地投入项目，所以，对于国内智库而言，可以借鉴国外的做法，适当地安排辅助人员来帮助研究人员处理一些研究事务之外的具体事务，以提高研究的效率。

三、多数智库政府、社会和国际影响力不足

海外智库大多都专门设置自己内部的公关部或广告营销部门，目的是推广其所产出的知识产品成果，这些成果通过公开发表的各类专题文章、著作、研究报告等方式向社会发布，推销他们的政策建议和主张，进而影响政府决策，也打通了权力与知识之间的沟通和链接。我国的智库中，官方智库居多，虽然在体制内，但很难参与到政府日常操作中，与政府之间的沟通处于被动地位，所以我国智库对政策的影响程度是有限的。同时，智库人员多数是学者，习惯于学术圈的交流，向政府、社会公众推销自己的倡议或见解的主动性不强，智库舆论在对社会公众的引导和服务方面作用不明显。近年来，世界政治经济格局发生了微妙的变化，国内智库除了关注国内热点问题之外，也要把注意力放在重大国际问题的研究上，提高智库的国际知名度，争取更多的话语权。

第四节　推进现代智库建设的改革重点

我国智库建设的改革势在必行，但改革也不是一蹴而就的。根据国家对智库建设的文件精神，我们要理清智库发展中的矛盾，抓住改革的重点，逐个突破。这些重点主要体现在五项改革上：智库体制的改革、智库研究机制的改革、智库发展基金的管理、完善智库成果评价与转化机制、促进智库国际合作交流机制。

一、智库自身需深化体制改革

首先，智库体制的改革要立足于中国国情，同时要借鉴和学习国外知名智库建设和发展的经验与有效举措，完善或调整智库参政议政的制度，确保智库改革有序开展、有力推进。其次，智库深化改革的基本条件是智库必须沿着中国特色社会主义的这一政治方向，营造健康有序的外部环境，进而促进智库健康有序地发展壮大自身的研究特色。例如，国务院发展研究中心、

中国社科院等官方智库是以党和国家的发展规划为研究领域，开展政策性的研究，形成国家机构层面的政策建议，以供下属执行机构参考；高校主要是发挥其多学科优势，深入开展基础性研究，以国际前沿性问题、当下热点问题为主线开展实践研究，给予决策机构既有扎实理论又有前瞻性的智力支持；地方社科院智库，普遍的规模都不大，主要优势是以当地经济、社会中存在的棘手问题为中心，依托地方特色，提供适宜的解决方案，提高智库在当地的影响力；民间智库则应加强自身"灵活、精干"的咨询特色业务的培育，突显出研究专长，充分利用自身机动灵活性，推进技术创新，在智库组织国际化的道路上开辟新的增长点。

二、努力提升智库研究成果的独立性

独立性即智库在输出知识产品时，要秉持中立、公正、科学和客观的原则，最大限度地保障公共利益，甚至可以牺牲委托方的利益。当然，这不是说智库决策建议与党和国家的路线、方针相悖。智库的独立研究，首先是不能为了一定的经济利益成为某些利益集团的"附庸"或"口舌"，也不能成为民意的"迎合者"。其次，智库工作不是简单地对政府文件的解读和宣传，更重要的是在政府决策之前，对政府决策的建言献策、合理论证、全面调研论证。政府在决策出台之前，应充分利用智库资源，委托多家智库从多角度对方案加以论证和评估，最后结合各家方案，全方位、多角度地给出决策建议，最大限度地避免某个智库的一家之言，最终目的就是让政策、决策更加公平、更加客观、更加全面。2009 年，上海市就委托三家研究单位从不同角度给出制定《上海市中长期教育改革和发展规划纲要（2010—2020 年)》的建议，这三家单位分别是上海市教委、上海社科院和华东师范大学。上海市教委主要从教育管理的角度给出建议，上海社科院主要从宏观经济社会这一角度给出决策建议，华东师范大学主要就教育学这一视角给出方案，最后综合三家的智慧，形成教育改革的中长期规划纲要，这一纲要深入人心。最后，课题委托方应该支持智库对现有政策进行"不可行性"研究，进而快速识别政策在执行过程中可能出现的盲区，使得政府决策更全面、更客观，决策质量不断提升。

三、深化改革，创新智库内部管理体制

智库内部的管理机制是提高人力资源管理研究效率的有效途径，逐步提升智库考核机制对科研人员行为的导向性，以提高智库影响力为主要目标，包括政府影响力、国际影响力。专著、论文固然重要，但还要提高媒体解读和分析的能力，以及参与政府重大决策的核心能力，这也是对研究人员进行科研考核的重要指标类别。以尊重人才为基本出发点，摸清科研规律，将人力资本价值的评估作为智库资源配置的基本依据，不断提升智库科研经费的使用效率，同时还要不断开拓更加多元化的资金筹措方式。进一步细化科研项目管理流程，研究选题环节要突出重要性和紧迫性，成果评审环节要突出时效性和实用性。同时，增强智库的营销意识，让更多的需求方知道和了解智库，适时推出"明星智库""明星方案"，从而激活智库市场的竞争力。在智库的人员管理制度上，良好的人才结构是知识资本快速增值的有效保障，所以，智库的人员构成比例、研究专长的互补以及智库内外人力资源的交流是至关重要的。

四、加强研究成果的转化效率，增强智库产品的市场价值

知识产品的转化是智库实现其影响力的重要环节，智库是否具有成果转化的压力和动力，要看科研成果转化制度是否科学，是否便于得到资源的支持。所以智库管理者必须不断开拓转化方式，提高转化的成效。这就需要政府与智库之间的沟通渠道更加便捷，加强与媒体之间的互动，提高曝光率，加大成功案例的宣传。如何提高研究结果的影响力？首先，要结合研究成果的特点，选择合适的传播途径，不同的媒体传播途径有不同的受众；其次，智库人员要派专人接受媒体公关能力和沟通能力的培训，形成独具特色的公众形象，在宣传的形式上也要能够吸引公众的关注。国外智库的建设中十分重视媒体公关，俗话说"养在深闺人不识"，再好的成果也需要去推广。有些国外智库专门为管理人员开设媒体公关类的课程，这类课程不仅告知如何在重要刊物上撰写评论文章，还会教导如何参加电视节目，甚至包括一些基本的交流技巧、演讲技能、礼仪举止等，这些能力的提升能够在很大程度上提

高智库在媒体上的曝光率，展示智库的总体形象，提高社会认知度。这也是美国智库综合实力评估中一项重要指标。

五、要坚持开放性、国际性和全球化理念，提升国际话语权和外交功能

国外著名智库大多秉持的发展理念是国际化研究、国际化交流的发展理念，采取全面开放的原则，目的是提高自身对国际问题的话语权。例如，每年与法国的欧罗普基咨询公司合作的企业中，国外企业占到了 60%；每年与巴黎社会经济发展研究中心签订业务协议的也有至少三分之二来自国外，遍布世界 30 多个国家。世界知名智库——美国斯坦福国际咨询研究所也与 60 多个国家有业务往来，海外服务企业数量达 800 家之多。同时该国际咨询研究所还在海外设有研发分支机构，进一步促进了机构国际影响力的提升。同样，美国的赫德森研究所，在加拿大蒙特利尔和法国巴黎分别设置了研究分支机构，该研究所在东京也设有自己的办事处。

中国智库的国际化程度方面与国外知名智库相比差距悬殊，要想及早与世界智库发展事业接轨，可以从以下几个方面入手推进：第一，加强与海外知名智库的项目合作研究，熟悉并学习国际智库的运营模式，借鉴它们和政府之间的交流方法；第二，以具有中国特色的热点问题为突破点，吸引国际社会的注意，进而逐步增强我国智库在世界舞台上的话语权；第三，搭建便于开展国际合作的交流平台；第四，积极开展"二轨外交"和公共外交，在外交事务中审慎思考、合理论证，发出"中国之声"。

六、政府应为智库建设创造良好环境

智库的发展离不开良好的政治、经济、文化环境。政府决策制定过程中民主意识的发挥有利于政策有效形成及其落地实施。

首先，决策制定机构高度重视智库在政府决策中的作用。如今，我国经济进入新常态时期，在这个特殊的时期，经济发展模式转轨，经济增长方式也发生了很大的变化。国际环境也正在发生着深刻的变化，面对新冠肺炎疫

情、生态环境保护等普遍关注的问题，各国都在出台相关的法律法规。国内外政治经济环境的复杂性以及现代海量信息的影响，使制定公共政策的部门更加谨慎，政策制定的成本越来越高，同时难度也在不断增加，传统的"一言堂""拍脑袋定决策"已经不能适应当前制定政策的大环境。如今国内外环境处于不断的变化中，影响决策制定的因素纷繁复杂。所以，我们应适当从自身所处的环境和实际情况出发，制定适宜的法律法规，使智库尤其是民间智库合法地进入政府政策的制定过程中。德国在《联邦行政程序法》中明确指出：政府必须就公共政策的制定项目公开招标，委托智库机构给出咨询建议，再由专家顾问委员会审核通过后，才能落地实施。

其次，给予智库研究的独立空间。智库的独立性是建立在坚持国家利益、保障人民利益的基础之上的。长期以来，政府决策通常依赖固定的路径或者是从某些部门利益出发来制定政策，所以存在一定的惯性，这严重影响了智库研究的独立性。智库是处于决策部门之外的政策研究机构，必须强调其研究成果的独立性，可能会与官员的决策不完全一致，这就需要政府对智库建议进行科学的鉴别和比对，吸收其对政策制定有利的部分作为补充，这样才能使政策更加科学合理。

再次，政府应为专家的建言提供正规的渠道和制度保障。例如，美国智库专家提供决策建议的途径是参加国会举办的各种听证会。又如，在总统竞选期间或执政期间，政府通过委托国际知名智库的方式来获得政策建议，供总统借鉴和使用。在我国，虽然国家层面对于智库的建言献策非常重视，定期或不定期组织专家召开座谈会，听取他们的建议和意见，但是，由于缺乏相关的法律保障，智库建言的方式受限。所以，笔者认为政府应建立重大决策的专家问询制度，依据法律条款使参与政策制定的过程更加规范化，让智库参政建言成为政策出台前的必经之路。建立与法律条款相配套的咨询招标制度、成果采纳制度以及政府对咨询建议的反馈制度，做到有反馈有答复，既有利于政策的科学化制定，又有利于智库与决策机构形成有效的互动。

最后，政府要有效地管理和利用智库的政策建议和研究成果。归根结底，政府是政策制定的主体，智库仅是制定过程中的参与者，对政府部门的决策制定起补充和完善的作用。因此，政府官员或管理者要通过整合各方建议来优化策略或方案。同时，政府还要进一步提升自身的执行力，这样智库方案才能有效地对接。在方案举措的研究中，学者提出的建议或方案可能是基于一种理想状态，这些方案有可能与当地的实际情况不符甚至脱节。地方决策者要提高自身的鉴别和分析能力，不可华而不实、贪大求洋，以防采纳不接地气的方案，最终导致决策失误。在我国地方政府制定决策的历史上，不乏由于盲目听信、缺少论证而导致的决策失误案例。

第五节　我国现代智库发展的新机遇及理性思考

一、我国现代智库发展的新机遇

伴随着信息技术在政治、经济、社会生活中的渗透，研究学者在数据收集、数据处理和储存方面大大节约了时间成本。如今，信息技术进一步升级，大数据、人工智能在科技领域中的广泛应用，使得公众参政议政的意愿、途径和能力都在逐步提升。国家"十二五"规划，首次将大数据的应用提上了发展规划的议程，国家将大力支持该产业的发展壮大。与此同时，各级政府也高度重视新型智库的建设和发展。既有技术的支持，又有国家层面的鼓励，我国智库的发展进入全新的发展时期，面临前所未有的发展机遇，但也有很多挑战需要积极面对。长期以来，我国主要强调在国际问题、教育问题、军事问题等方面的专业智库建设，在农业方面的智库建设重视程度不够，在人工智能大力发展应用的技术背景下，智慧农业建设的发展战略与规划需要相关专业类智库的推动。实际中，我国农业智库的发展较慢，缺乏新的思维，缺乏与基层服务对象的有效对接。所以，智库管理需要不断探索与时俱进的新方法，以切实提高智库工作的活力和感召力；着力打造农业智库品牌，不断丰富智库管理工作的手段；积极运用现代科技信息手段，建好智库信息平台，不断提高农业智库的信息化水平；在智库研究工作中充分借鉴现代管理学方法，把目标激励、竞争激励、榜样激励、过程管理等手段有机结合，完善科研人员激励引导机制，调动智库管理者的积极性，提升智库的影响力。

近年来，智库在地方政府政策制定中的作用与日俱增，但我国智库的组织管理方式较为落后，资源配置随意性强，使得智库的持续健康发展受到了很大的阻力。所以，改进智库的组织模式或管理方式是智库发展提速的主要方向，因此要注意发挥"云智库"对智库发展的引领作用，在更广阔的平台上进行资源的配置和共享，使智库和互联网深度融合，从而构建基于互联网的智库服务的新模式。这种模式不仅有助于持续提升智库服务党和政府决策的能力，而且也为实现中华民族伟大复兴的中国梦提供强有力的智力支撑。同时，在全球大网络的环境下，"云智库"也是智库国际化的突破口，有利于我国智库在世界舞台上发出自己的声音。

二、我国智库建设的理性思考

在世界范围内，现代智库起步最早的是美国，同时也诞生了智库综合实力的衡量标准。如果以美国智库的标准来衡量中国智库的发展和成果质量，这是有失偏颇的。有的学者痴迷于智库的国际排名，有的学者对我国智库的发展前景不看好，持悲观的态度，也有学者认为中国智库是政府的附庸，难以实现独立思考，难以呈现独立客观的研究成果。

基于以上观点，我们要对中国的智库建设持一种理性的态度，既要对它充满信心，又要客观地认识到自身发展存在的一系列问题，有选择、有鉴别地吸收西方智库元素中有利于自身发展的闪光点，同时还要坚守智库发展的政治底线。主要从以下方面做出理性的思考：

一是国际智库经验可借鉴，但不可偏执迷信。中国智库建设首先应立足于中国的政治、经济、文化、社会环境，总结自身发展的经验，立足于国内的实际情况，坚持围绕国家发展方略、服务大局、拓宽自身服务领域，这是对智库建设的根本要求。如果坚持用国外标准评价国内智库建设，很容易迷失了方向，既无法实现国际接轨，也会在国内水土不服，这就违背了国家发展智库的初衷。

二是要明确专业性与智库营利性、商业性咨询公司和调查机构之间的区别。西方智库资金主要来源于捐赠，通常属于非营利性质。因此，一些学者或智库管理者认为中国智库也要想方设法吸引国内外的捐助，然而，大量隐性捐助特别是境外资金就会使得智库在政策建议的过程中更多地依赖利益集团，或者产出有利于富人的政策观点，甚至会有损国家和公众的利益。例如：

巴西和印度智库受国外资金的牵制而无法在本土健康发展。所以，我们一定要引以为戒，提高政治警惕性。

三是审慎对待智库产品市场化的思想。智库产品不是普通的商品，有的可以自由流通，参与买卖行为，有的不可以自由流通，甚至涉及国家机密，不可能实现完全的市场化和商业化。智库是为党和政府的决策服务的，必须坚持底线思维，政治方向坚定不移，不能为了市场化而市场化。

四是稳步发展，不以排名论高低。在国际上，衡量智库的综合实力，通常看智库在综合实力排行榜上的位次，我国智库位于前列的不多。总体上我国智库的国际影响力较小，说明我们在很多方面存在差距，但也不可一味地追求排名，被外国智库牵着鼻子走，迷失了发展的方向。所以，应苦练内功，立足实际，始终坚持国家利益为先，开展利国利民的研究项目，先让政府和社会公众受益，再去拓展国际影响力。

第三章　相关理论基础及国内外研究综述

第一节　智库相关理论基础

一、专家治国理论

专家治国理论最早的提出者是柏拉图。柏拉图以社会分工理论为基础，认为应该把政治统治权交给那些"集权力和智慧于一身"的哲学家。这一思潮顺延到培根、圣西门和孔德，孔德被称为"技术专家治国论之父"。这一理论的出现，在一定程度上推动了公共政策决策过程的科学性和客观性的提升。该理论的主旨是强调各领域的专家在国家治理中的重要性和技术分析手段对公共政策的分析预测功能，作为政府治理的关键指导理论发挥着基础性的作用。在专家治国理论下，强调工具和技术的有效性和专业性，那么拥有相关知识和技能的专家的作用被突显出来，在内外部环境极其复杂多变的情况下，专家学者的思想深刻影响着政策和方略制定的质量和效果。该理论率先提出了"治理"的理念，体现了社会进步和政府简政放权的决心。当然，这一理论的出现也带来了一些负面的影响，例如：专家治国理论将导致一些特殊利益群体的出现，造成部分知识分子的特权地位，其制定的政策将无法保持公平中立，利益集团一旦形成，就会或多或少地利用自身的优势资源，为自身谋求不恰当的利益，使政策决策向该群体倾斜，形成不公平决策，损害了其他社会群体和成员的利益与自由。

二、多元主义理论

多元主义理论最早提出的时间是 20 世纪五六十年代。"二战"以后，这一理论得到了长足的发展，特别经美国学者罗伯特·达尔的进一步阐述，影响力进一步加大。多元主义决策的核心是决策权力的分散化以及决策过程的多元竞争和妥协性。该理论的发展促进了众多分支学科的形成，而且对许多西方国家的政治方向也有很大的影响。

多元主义理论认为：社会由若干特定的利益集团构成，社会权力则分布于这些利益集团之中，公共政策制定的权力是利益集团之间竞争的产物。这些利益集团凭借某方面的优势形成争夺政治的权力，成员构成交错复杂，他们以不同的途径参与和影响政策制定。该理论强调政治权力的分散性。

三、公共政策主体理论

公共政策主体即政策系统的核心构成，是指参与和影响公共政策决定、执行、监督等过程的组织、团体和个人。公共政策主体理论认为，制定和执行政策的过程以及政策的实施效果受到社会各方面的主体的影响，这些主体可分为直接主体和间接主体。直接主体即公共政策的法定制定者，也就是那些获得宪法和法律授权，享有公共权威，能够对社会价值进行权威性分配，从而主导政策过程的个人、团体或组织，主要包括直接的立法、行政、司法等国家机构。间接的主体即那些虽不拥有合法强制力，但能够通过压力、舆论、私人接触等方式，参与、介入决策过程中，并产生一定影响的个人、团体或组织，包括政党、社会组织、新闻媒体以及公众。随着全球化、民主化时代的到来，全球公民社会的复苏，公共政策的间接主体将更加多元化。直接主体机构是政府决策的主体。间接主体间接地影响着政府决策的执行效果及效果评估。

多方主体参与公共政策的制定，其中包括国家权力机关、利益集团等。智库中的专家学者具备丰富的专业知识和较强的数据分析能力，通过参加研讨会议、听证会等途径参与到政策制定过程中，有利于提高政策制定的科学性和认可度。智库综合实力的提升离不开优秀的智库成果的产出，而智库成果的产出同样离不开政府的支持。同时，智库的研究咨询成果的社会价值和社会认可度，会提高智库研究人员的研发积极性，从而推出更有价值的智库产品。可以说，智库与公共政策制定部门之间是鱼与水的关系，二者相互依存，缺一不可。

四、精英理论

"精英"一词最早出现在 17 世纪的法国，意指"精选出来的少数"或"优秀人物"。精英理论是指由统治者或个体社会精英人物作为主导的政治关系，该理论认为社会中少数社会精英决定着社会发展的主要方向。美国学者认为：美国的社会精英主体决定了政治、经济发展的规律和趋势，精英主体包括三大类，即政治方面、军事方面和经济方面的主体。大型智库管理者和研究人员理应属于社会精英，他们用智慧和知识的力量影响着国家公共政策的制定产生。

五、知识管理理论

知识管理理论的提出者是美国管理大师彼得·德鲁克（Peter F. Drucker，1966）。他认为知识的认知和重组是人们深度认识世界、改造世界的重要途径。知识管理过程包括知识的认知、规划、试点、推广以及制度化的过程。知识管理理论是学习社区、学习型组织构建的基础。有效的知识管理是推动创新的原动力。组织必须重视知识资本的积累，从知识资本的无形价值出发，指导政府或企业组织的战略设计，重视核心竞争力的知识管理，精心分析规划知识生产与知识运用，从而达到知识管理的终极目标——为组织带来利润增值。

智库本身是知识型产品的输出机构，智库成果产生的过程就是智库专家对所拥有的知识和信息的整合与创新的过程，进而产出智库高质量成果。除此之外，智库对政策的分析、对热点的点评以及对舆论危机的解读和预警都是建立在对知识及有效知识管理基础之上的，同样，智库的分析和评价工具的运用也依托知识管理分析方法和工具。

六、情报分析理论

情报分析是通过对全源数据进行综合、评估、分析和解读，将处理过的信息转化为情报以满足用户需求的过程。这一理论在研究领域的应用很广。情报即信息或报告，决策者通过对情报信息的搜集、整理、分析、反馈的过程发现事物发展的规律，进而给出科学、合理的分析预测结果。情报信息具有知识性、传递性、价值性、秘密性和时效性的主要特征。情报分析专家采用证据推理法、案例研究法或类比推理法等方法，获取正确的情报分析结果，用于指导公共政策的制定过程。

七、系统工程学理论

所谓系统，首先是把研究对象看作一个由很多相互联系、相互制约的组成部分构成的总体，然后运用运筹学的理论和方法以及电子计算机技术，对构成系统的各组成部分进行分析、预测、评价，最后进行综合，从而使该系统达到最优。系统工程学是系统科学的分支，是一种组织管理技术，为实现一定目的而进行设计、开发、管理及控制，最终达到管理效果最优的理论与方法。1955年以后，计算机技术渐趋成熟和普及，也就是在这一环境下，系统工程学应运而生，提出者是美国麻省理工学院的福雷斯特。系统工程学的研究对象是复杂的系统。网络技术是系统观的重要工具之一，是系统工程常用的管理技术。系统工程学涉及很多领域，包括应用数学理论、基础性理论、系统技术、经济学理论、管理学理论（如人力资源管理理论、财务管理等）、社会学理论等学科领域。该理论研究的流程是：先确定研究的整体框架，然后设计相关的目标实现流程，通过对研究工作系统的分析、重构来进一步调试系统的结构，最终达到整体的最优化结果。

第二节 国内外研究综述

一、智库理论国内外研究综述

（一）国外研究综述

笔者查阅了大量的文献资料，通过对主题词进行分析发现，国外智库类文章主要集中在对军事类智库和政治类智库建设的研究上。目前，学术界认为出现最早的智库是1884年英国成立的费边社和1908年德国成立的汉堡经济研究所两个智库。而詹姆斯·麦肯认为：布鲁金斯学会的前身——政治研究所，是美国第一个独立智库机构，该机构成立于1916年；最早出现在亚洲的智库是日本的野村综合研究所，创建于1906年。

国外学者普遍认为智库只有保持独立和中立，才会获得公众的信任，其研究成果才会有影响力。Abelson认为知识成果的产出是智库得以生存的生命线（2002）。Sara B.（2011）通过对发展中国家和地区的智库进行调研，得出结论：智库影响公共政策制定的主要影响因素包括外部政策环境、智库自身的性质和社会地位、智库组织的运营管理制度以及经费来源等。宾夕法尼亚大学教授麦甘认为，智库建设的影响因素不外乎这几个方面：政治制度、言论环境的自由度、经济发展的阶段、所属地拥有大学的数量等。凯斯·特拉普（2017）选取了智库出版物数量、智库组织的公共活动（例如举办国际会议）的数量、智库在重要媒体的曝光率等指标，调查了英国、德国、丹麦的智库，发现在选取的指标方面英国的智库是最为活跃的。

（二）国内研究综述

国内学术界近年来十分关注新型智库的建设问题，并进行了大量的相关性研究，在智库的运营模式、研究方法、学术人才管理方面取得了一些成果。这些研究成果在前人研究的基础上，在研究领域、成果质量评价、媒体宣传等方面做了很多开创性的工作，为本领域的后续研究打下了理论基础、进行了实践指引。笔者检索了研究文献中"智库""思想库""智囊机构"等三个词汇的引用情况，在文献检索的时候，分别用这三个词语作为"篇名"或

"主题词"进行全方位检索。笔者查询了中国知网（CNKI）期刊数据库，发现我国智库相关学术论文发表量从 2000 年以后，开始呈现上升的趋势，其中仅 2016 年就有 2210 篇，2015 年国内发表了 1800 余篇智库类学术研究论文。这些智库领域论文的作者主要包括：郑琦（清华大学）、李伟（国务院发展研究中心）、赖先进（中国中央党校）、邱均平（武汉大学）、朱旭峰（清华大学）、王厚全（中共中央党校）。各智库机构和研究人员充分利用国家政策支持智库发展的大好时机，积极推进综合智库和专业智库的建设。王莉丽分析了美国智库的功能和角色。李安方阐述了智库产业化的发展特征及其操作要求。初景利指出，智库与媒体正在加速融合。邱均平分析了中国新型智库研究的现状、进展和未来发展趋势，并有针对性地提出了对策和建议。王延飞、闫志开、何芳三位学者认为，当代智库的主要功能是为政府机构提供政策咨询和思想建议等，我国信息研究部门在这方面的理论和实践都存在发展不充分的问题。王世伟（2011）以上海社科院信息所为例，探讨了社科学术信息智库的发展目标和举措。

国内多位学者分别对智库的基本构成要素、智库的能力构成要素、制约智库发展的影响因素等作出了相关分析。北京大学政府管理学院院长俞可平（2009）认为，智库要想有效推动经济社会发展，必须具备七个要素，分别是：正确的思想站位、卓越的问题剖析能力、果敢的责任担当能力、长远的战略规划能力、强大的人才布局能力、信息网络联通机制、自身特色建设能力。影响或决定智库发展的要素还有很多，学者们将这些基本要素分为两种类型：一类是外部环境要素，另一类是自身资源要素（张小刚，2011）。外部环境要素主要包括政治局势、经济发展状况、科技进步情况、法律保障环境以及制度环境等。资源要素包括能够推动智库功能实现的资金、物质和人力资源等。张家年（2016）指出智库应致力于创新发展，包括：数据分析技术创新、基础理论研究创新、服务形式创新等能力。左学金（2008）深入浅出地分析了上海社科院为提高自身的科研能力和服务水平，在科研管理方面采取的具体措施，对智库的改革提供了指导性意见。朱贝（2014）阐述了我国民间智库的发展历程、成功案例分析、发展成果以及发展瓶颈，同时针对民间智库自身的特点从多角度提出了解决问题的对策。柏必成（2015）指出，智库影响力建设必须提高智库的核心竞争力，智库的核心竞争力主要是所提供的思想产品质量以及公众的认可度的提升。

近年来，国内学者对欧美国家智库的研究较多，原因之一是这方面资料很多，原因之二是欧美国家在智库建设方面确实积累了很多值得学习的宝贵经验。目前，国内学者明确了我国智库建设中存在的主要问题：我国智库中专业智库数量少，且在国外的影响力不足，智库在国际舞台上话语权较弱，与国外知名智库相比存在较大的差距。智库建设不可一蹴而就，必须要有清晰明确的战略方向和具体的顶层设计，智库本身要在各发展阶段明确发展目标，制定长期战略研究规划。在高水平智库建设方面，我们的运行机制存在不够灵活、发展动力不足的问题，在研究团队、人才培养和激励机制方面尚需优化调整，需要快速提升智库产品的数量和质量，加速建设智库成果与政策需求之间的信息互通和反馈机制。

二、农业智库的国内外研究现状

（一）农业领域案例样本分析较少

国外相关文献中关于专业类型智库的研究，主要集中在政治、军事管理类智库上，对农业类智库的相关研究较少；在研究方法上，更多地侧重于实例研究，用到大量的数据分析，值得我们在研究农业智库的时候学习和借鉴。关于我国建设农业智库的作用，专家学者已达成共识，充分肯定农业智库的发展对整个社会发展的有利作用，但存在的问题较多。首先，理论研究较多，实际案例以及现实应用研究比较少；其次，数据样本局限性强。这些问题的存在现阶段是不可避免的，随着学者们对农业智库研究投入的增加，这些问题会逐步得到改善。

（二）缺乏完整的对农业智库建设信息的理论框架

国内关于农业智库方面的研究呈现迅速增长的态势，但总体上，关于农业智库的学术成果还比较少；大多集中在对欧美等国家经验的分析上，仍然处于借鉴和学习的阶段，尤其是对美国智库建设的借鉴学习比较多，整体研究力量仍显薄弱。研究成果的整体学术质量有待提高，经验性、应用性、普及性、理论性等方面存在欠缺。许宝健（2014）介绍了加拿大农业智库的运行机制、生存现状以及存在问题分析，他认为加拿大农业政策制定中有两大缺陷：一是参与决策的过程不够公开透明；二是学者的参与热情不高，参与度不够。2015 年我国农业部成立专家咨询委员会，其成员都具有深厚的理论知识基础，都是直接与政府项目对接的农业智囊团。梁丽、张学福（2016）阐述了美国农业智库的组织构架、发展规律及运行机制，并对中美农业智库在参与政策制定中的途径作了对比，分析二者的优劣势。

（三）智库实力评价方法各异

当前，学术界对智库的综合评价尚未形成统一的体系，评价标准高低有差异，指标设置各有侧重。智库综合实力的评价不仅受到评价主体的影响，还要受到评价方法及评价指标体系的影响。该怎样从方法论角度解决智库实力评价结果的非一致性问题，是目前智库研究领域亟待解决的问题。还有，目前关于智库的研究中对于专业类智库的评价研究较少，农业类智库也属于专业类智库。对于不同类别、不同专业性智库影响力的评价体系，尚无定论。综合评价方法有很多种，各有侧重，对不同的专业领域智库适用性不同，在对农业智库的综合评价方面，可参照的案例不多。

（四）理论研究成果与实践应用缺少契合

查阅国内外相关研究文献，智库研究成果有之，但是能与当地实践紧密结合的研究成果甚少。例如，麦甘教授及其团队每年发布的全球智库影响力报告，以及中国上海社会科学院的智库研究报告在我国国内都具有较高的权威性。研究报告对学者及政府了解中国智库的综合实力以及发展情况具有指导意义，然而在确立排名过程中运用的研究方法和评价指标体系，却并没有应用到智库发展的实际工作中。中国农业科学院博士学位论文库中有许多学者就如何制定政府层面的政策进行了相关的理论阐述，却没有形成统一的智库建设行业标准，无法指导实践评估工作，缺乏实用价值强的智库建设方案或评价系统软件，智库理论研究成果与应用实践领域相距甚远。

三、农业智库研究未来的发展方向

（一）理论方法体系仍有较大改进空间

目前，国内外学者或研究机构关于农业类智库发展的研究数量较少，总体上处于研究起步阶段，研究思路、方法和体系尚有很大的发展空间，多数是定性分析，有很多研究的空白领域，还会随时出现一些前所未有的新问题、新观点。从研究方法来看，国内智库研究工作逐步进入精细化的阶段，定量的研究有所增加，在研究对象上从个体研究发展到团队研究，从研究地区范围上来看，从对海外发达国家智库的研究转到全球范围研究领域。我国学者对农业智库建设的研究，主要从宏观角度分析农业智库建设，而对"三农"智库在具体建设内容、流程、形式等方面的研究很少。在"三农"智库的具体模式、评估标准、影响力评价等方面还未形成完整的理论框架（梁丽，2016）。

（二）应加大对智库成功案例的研究力度

中国发展需要智库的发展壮大，且需要借鉴国外智库的成功经验。我国的智库建设刚刚起步，如何构建和布局智库产业，如何壮大专业研究智库的规模，如何鉴别和吸收发达国家经验，需要研究者深入思考。美国、英国、日本、韩国等智库建设成功的案例比较多，其中有典型的农业智库案例，还有其他专业类型智库（教育类智库、健康类智库等）。我国学者对这类优秀智库的功能、作用、运行模式进行了比较研究，获得了对我国农业智库建设的思路或基本框架。同时，中国农业智库如何参与政府相关政策，以及参与结果如何，这些具体信息的获取渠道非常有限，例如：智库产品每年有多少被政府采纳，有多少投入实践，有多少实际发挥了作用，这些数据和指标公众几乎很难知晓。鉴于以上情况，国家层面正在紧锣密鼓地开展制度的修订和完善，以期构建标准明确、结果公开的"阳光"制度。

（三）应考虑不同专业类型智库机构的自身特征

智库的产品是知识产品，运行模式不一，影响因素也要从多方面来分析。我国现有智库从类别上讲，在很多具体方面都存在较大的差异，都有着自身的特点。按照机构属性来分，可细分为党政智库、官方智库、民间智库、研究机构智库；按营利性来分，可分为营利型社会智库、非营利型社会智库；按照智库的社会功能的不同来分，又可划分为咨询智库、学术智库、媒体智库、论坛智库等；按照专业领域的不同，又可分为科技智库、养生智库、教育智库等。智库建设既要坚持其规范化和体系化，也要突显能够代表智库特色的独特性。农业智库机构主要为农业发展提供如下方面服务：农业技术指导、农业政策解读、农业成果推广和宣传服务等，应结合服务对象的需求，培育智库的专业性，突出其自身特色。

（四）应考虑智库建设的系统性和动态性

智库是一个将智慧、知识转化为具有理论和实践指导意义的方案或报告的中间机构，根据系统工程理论，系统是有机融合的整体，不是简单地累加或机械地配合，系统能实现各要素在单独状态下无法达到的效果。系统区别于个体的重要属性包括总体性、联动性、秩序性等。其中联动性原理是指在系统内各组成部分与系统整体之间、系统自身与外部环境之间都有着不间断的物质、能量或信息的互通。因此智库建设需要从系统工程的视角出发，从智库顶层设计的高度到具体智库功能目标的战略定位，都要全力谋划，才可以摸索出适合中国国情的新型农业现代化智库。

以上概括性地阐述了研究学者为当代农业智库建设作出的重大贡献，也为后来的研究者们奠定了丰厚的研究基础。但是，在文献中仍有一些需要改进和完善的地方，这些将成为后续研究者研究的切入点，例如在研究方法上侧重于定量的研究，在研究内容上侧重于贴近民生的政策的参与制定，进一步规范参政的途径，开拓更广泛的资金捐助途径，结合自身实际情况逐步开发部分智库产品市场化的成功案例。要想提高智库的国际影响力，首先要树立智库在当地的口碑和形象，先服务好地方，再去更广阔的天地寻求一席之地。

第四章 "三农"智库概述

第一节 "三农"智库的含义及发展的时代背景

一、"三农"及"三农"智库的含义

"三农",具体指农村、农业和农民。"三农"问题是与农业、农村、农民相关的理论和实践领域的问题。研究"三农"问题的目的是有效解决农民持续增收、农业稳步发展、农村繁荣稳定的问题。我国是一个农业大国,"三农"问题不仅关系着重大的民生问题,也关乎政治稳定、经济繁荣、社会发展等全局性的问题。2000 年前后,"三农"问题逐步显现出来,从国家层面到地方政府都高度重视,在学术界也引起了关注,现在,"三农"问题依然是我们各级政府工作谋划的重心之一。随着人民对物质和精神生活的追求不断提升,"三农"问题在新的历史时期出现了一些新的问题和要求,这些问题可能是前所未有的,无经验可循,解决的办法和对策也需要学术界或政府采用全新的理念和思路,故有关"三农"类专业智库组织的建设和完善势在必行,是时代赋予的使命。

"三农"智库,也称作"三农"思想库或农业智囊团。本书将"三农"智库界定为:"以影响农村、农业和农民的公共政策制定为目的的智库机构。既包括正式的官方智库,又包括一些非正式的民间的顾问班子、智囊团等。"

二、发展 "三农" 智库的时代背景

我国自古以来就是农业大国，一代又一代的中国人在广袤的土地上深情地耕作，脚下的土地是历代农民生存的物质和精神的依赖与寄托。农民人口众多，农村有很大的潜力未被开发，农业面临着进一步的变革升级。党的十八大以来，党中央高度重视 "三农" 问题，提出了一些新思想、新理念、新举措。随着信息技术、大数据以及人工智能的逐步推广和应用，我国农业信息化管理也被推上改革的日程，农业一旦与互联网深度融合，发展空间将更加广阔，潜力巨大。农业发展的现代化以及转型升级也需要借助互联网技术在农产品种植、推广等方面实现超越式发展。农业 4.0 即智慧农业，是在传统农业、机械化农业基础上，以互联网、云计算、大数据、物联网技术为依托的新的农业形态。严格来说，我国国内很多农业地区还处于农业 1.0 或农业 2.0 的时代，距离农业 4.0 时代还有很大的差距，所以农业 4.0 需要在国家顶层设计、公共服务提供以及安全管理等诸多方面进行提前规划部署，加大政府的扶持力度，优化适宜快速发展的政策环境，刺激居民消费需求，鼓励民间资本参与投资，形成有效的和可持续发展的商业化应用模式。这些都是未来农业智库专家咨政启民的重要方向。

自 2013 年以来，我国经济进入新常态时期，各级政府在此背景下的核心任务之一就是解决好 "三农" 有关的问题，具体包括提升农业基础地位、继续深化农村改革、稳步增加农民可支配增收等。党中央对这一系列问题的重视程度也提高到了前所未有的高度，在中央一号文件中着重部署 "三农" 相关工作，有效解决好 "三农" 相关问题是各级政府工作的重中之重。新时代背景下，党的十九大提出了乡村振兴战略，要大力推进中国乡村发展，振兴农村经济，逐步缩小城市与乡村之间的收入差距，推动城乡协同发展建设进程，促进农民生活质量的进一步提升。这个目标是我们实现伟大 "中国梦" 的一个重要组成部分，对于各级政府而言，也是一个艰巨且全新的工作，且 "三农" 问题涉及的问题纷繁复杂，需要集多方力量共同献计献策。

第二节 "三农"智库的分类

一、按所属系统划分类别

农业智库依据其所属系统来分，主要包括官方型农业智库，高校附属型农业智库、科研机构型农业智库、社会型农业智库四种类型。其中，高校附属型农业智库在数量上占的比例最高，官方型农业智库次之，第三是科研机构型农业智库，占比最少的为社会型农业智库。由于各高校拥有某些学科领域的专家学者，在农业智库的建设上具有良好的学术氛围和学科综合的绝对优势。2014年2月，教育部出台《中国特色新型高校智库建设推进计划》（以下简称《计划》），国内高校纷纷投资建立与自身研究特长相对应的研究中心或科技推广中心，在智库建设方面迈出了一大步。官方型农业智库和科研机构型农业智库是我国农业智库发展比较成熟的类型，社会型农业智库建设处于起步阶段，在人才培养、资金来源方面仍处于摸索阶段，且数量较少、影响力不高。下面分别简单介绍一下这几种智库。

（一）官方型农业智库

官方型农业智库即为政府和官员提供决策服务的存在于体制内的机构。与之相对的是半官方智库和民间智库。该类型智库的主要资金来源是国家财政拨款，管理方式是党委领导下的主任或院长负责制。例如：国务院发展研究中心农村经济研究室、各地的农业农村局。

（二）高校附属型农业智库

高校附属型农业智库即从属于高校内部的研究中心和研究院，其资金来源渠道广泛，有财政拨款，有学校拨款，有企业捐助，有各类基金会的支持，也有些机构通过自身开展的营利性业务板块来生存。例如：华中师范大学中国农村研究院、河北农业大学的科学技术研究所、河北科技师范学院的乡村振兴研究中心、中国农业大学下属的国家农业科技战略研究院等。

（三）科研机构型农业智库

科研机构型农业智库即依附于某科研机构的农业类研究中心，其资金来源比较多元化，管理方式也比较灵活，属于半官方的性质，既处于一定的政府背景中，同时也处于接近市场化的环境中，比起民间智库和大学智库，它们在资金、信息来源方面具有一定的获取优势。例如：中国农业发展战略研究院。

（四）社会型农业智库

社会型农业智库也叫作民间农业智库，它独立于政府体系之外，不隶属于高校研究机构，按照企业经营的模式，为政府或公众提供建议或咨询。具体涵盖在工商部门登记注册的企业智库以及在民政系统登记注册的社会智库，其中社会农业智库按照登记注册的形式不同，又可以进一步分为基金会型智库、民办非单位型智库以及社会团体型智库。例如：美国兰德公司下属的农业政策研究室。

二、按存在形式划分类别

中国科学院社会政治学研究所研究员赵秀玲依照智库存在的具体形式将"三农"类智库主要分为以下类型。

（一）外援型智库

中国乡村治理、农业改革等项目的推动是开放的，不是封闭的，即乡村内部与国家层面、地方政府的推动是密不可分的。如果没有外力引导和推进，仅依靠乡村内生力量，乡村的变革发展不会如此快速。外部援助型智库即依托外部力量集中解决特定地区政策咨询问题的智库，可以向上级政府或其他科研机构提出援助请求，这些科研机构通常包括高校的技术研发中心、科技特派员组织等，这些机构提供的信息或技术的支持既可保障问题解决的政策导向，又可提供政策宣传和人才培训，还可成为乡村发展的智力支持。外援型农业智库主要以以下几种形式存在。

1. 乡村发展智库平台

近年来，各级政府或研究机构都非常重视有关"三农"问题的解决。由于种种原因，这些研究机构缺乏清晰的智库意识，研究主要维持在传统的学术理论研究上。但是也有一些研究单位率先突破旧的研究领域，开始将研究方向转到"三农"智库建设上来，并有针对性地提出可行的发展思路及构架。苏州市现代农业生物技术研究中心是比较有代表性的研究机构，它是2010年12月苏州市政府与常熟理工学院联合建成的，其主要功能是解决农业生产以及农业规划方面的技术问题。同期建成的还有中国农村研究院，隶属于清华大学，该机构明确提出建设的目标是成为"一流智库"。最值得关注的是，2015年，华中师范大学中国农村研究院成功建成了第一个农村发展智库平台机构，该平台主要依托现代信息技术实现信息的传送和处理。2006年，该研究院对部分村落和农户进行跟踪观测，至少涵盖300多个村和5000多农户，积累了可靠的一手资料。技术人员对这些资料进行了进一步的筛选、汇总并将其电子化处理，建成了智库数字化平台，为"三农"各项事业的发展提供了丰富的数据资源。

2. "科技特派员"制度

"三农"问题的解决需要科学技术的深度渗透，这是促进农业发展的利器。对于农民而言，能够得到便利的科技支持，是致富增收的捷径。因此，科技下乡成为乡村发展的智力支撑。科技特派员制度最早由福建省在20世纪末的时候推出，并逐步推广到其他省份和地区。设置科技特派员的目的是将农业实用技术向"三农"一线推广应用，由实验室转向乡村的田间地头，实现价值再造，同时培养更多能够运用新技术和互联网的新型农民。截至2020年年底，我国各级乡镇配备70多万名乡村科技特派员。如陕西省省内的所有贫困村（共5928个）均配有科技特派员。

3. "科技小院"智囊团

吉林省梨树县的"科技小院"也是科技下乡一种新的模式，由中国农业大学于2009年创立。相关专业的师生以小院为家，吃住均在院内，开展土壤实验、病虫害处理等困扰农民的技术问题研究，同时科技小院与乡镇农业技术推广站合作，科技小院负责实验和技术创新，农业技术推广站负责在农户中推广和宣传技术，农户应用相关的研究成果之后的效果与评价再反馈到科技小院，专家学者结合反馈内容进一步对研究成果进行调整和改进。这种模式很受当地百姓的欢迎，科学家在家门口指导科学种田、有效规划，是真正的科技下乡。这类智囊团主要是解决农业技术方面的问题。例如：河北科技师范学院卢龙甘薯产业专家工作站，该服务团队由河北科技师范学院的专业教授和中薯集团技术骨干共同组成，涵盖作物育种、栽培、植物保护、土壤肥料、食品加工等学科。该团队除了服务农户之外，还与河北中薯农业科技集团股份有限公司（中薯集团）就甘薯种苗繁育、甘薯种植、鲜薯集中加工、甘薯产品研发及生产与销售、甘薯生态旅游和文化科普等方面共同谋划，有效地推动了该企业的技术创新和产品升级，中薯集团先后被授予"河北省农业产业化龙头企业""河北省科技型中小企业""高新技术企业"等称号，并获得中国食品协会颁发的唯一"中国红薯粉条标准化生产基地"等荣誉。

4. 现代农业青年"智囊团"

农业科技的创新和发展，离不开青年一代的参与，青年人能够快速接受新的观点，也愿意打破传统，迎接新的挑战。因此，吸引青年人回乡加入科技兴农的团队是关键，所以组建现代化农业青年"智囊团"在很多地方兴起。广东省的做法值得其他地区推广和借鉴。2010年10月29日，广东省率先成立了现代农业青年专家团，第一批青年专家共有33名，他们主要来自省内知名的农业院校，如广东农业科学院、华南农业大学、仲恺农业工程学院等。其目标是借助科技力量促进农业的快速发展，提高青年的科技能力和素质，帮助农村青年通过科技致富成才，让青年看到农村广阔的发展空间，避免青年人才的外流。同时，为了指导和帮助农村青年快速成才、科学致富，广东省组织专业技术人员编写出版《广东青年发展现代农业实用技能书》，针对贫困村的年轻人免费发放，帮助他们学习先进的农业技术，在农村扎根，进而更加热爱脚下的这片热土。专家团还同时为农村青年提供线上的技术疑难的解答，进一步促进农村青年生产经营能力的提升。

5. "一会联一村"智囊团

2006年8月，浙江余姚市采用结对子的方式开展助农活动，将19个市级学会（或协会）与24个行政村结成扶助对子。各学会共有4000多名专职或兼职的学者，他们利用各自的专业技术优势、管理才能来帮助乡村解决各类技术和管理问题，在实践中，不断摸索富有特色的"三农"服务模式。帮扶过程中,学者们主要围绕以下职责内容开展帮扶活动:第一是推动农业技术的应用效果的实现,帮助农业实现增产。第二是核心技术培训活动的开展,帮助农民提升科技兴农的意识,提高运用科技的效率和效果。第三是定期举办科教推广活动,在乡村中树立科学种植、产业化种植的典范,加大宣传的力度,提振农民科技致富的信心。这种协会与村庄的结对互联的模式,既有针对性地解决了"三农"相关的实际问题,也贴近村民实际需求,真正做到为民做事,做农民身边的科技指导员。

6. 农村"网络智囊团"

进入 21 世纪以来,网络技术和新媒体技术在农民的生产生活中的应用逐步广泛起来。大部分的乡村也都覆盖了互联网络,这为"三农""网络智囊团"建设提供了非常重要的设施保障。宁夏永宁的远程教育站点是其中比较有代表性的模式,该站点的服务内容涉及农村党建、未成年人教育、新型农业技术、农产品市场需求信息等公共服务内容,农民通过浏览器登录"宁夏农村综合信息网"等平台,就可以便捷地查找到所需的信息和资源以及相关的实用技术。目前这样的站点在永宁县有 92 个,10 万多名党员干部及村民受益。与此同时,永宁县还通过网站宣传惠农信息,举办专家视频课堂传播农业知识,以及组织技术培训、宣传党的政策。很多农民通过这些渠道不仅了解了政府的政策法律,也获取了有用的市场信息,学到了实用的科技知识。这种远程教育站点为"三农"类智囊团作用的发挥提供了有效的载体和渠道。

7. 村长助理"一元年薪"智库

通过近几年的实践,乡镇领导者发现外援智库都需要较大的资金投入,有的甚至还会聘请国外的研究人员,如1997年,山东牟平为了双胞菇的培育,特意花高薪聘请了意大利两位著名的菌类培育专家,并引进了专业相近的大学毕业生和对应的专业技术人才 200 多名,截至 2007 年,攻克了困扰农户多年的技术难题 16 个,培养农村菌类专业技术骨干人员 800 多名。山东牟平的外援式的技术输入需要大量真金白银的投入,在财政比较紧张的乡村不可能实现。在实践中,有另外一种智库发展的模式,即无须高薪也可聘到相关专家,也就是"一元年薪"聘请博士担任村长助理的模式,这种模式最早是珠海斗门区莲洲镇西滘村开创的。2014 年 4 月,西滘村聘到了多位村长助理,其中有 4 名博士专家。为什么叫作"一元年薪"呢？从农村决策者的角度来看，这些地区一般都是经济欠发达的地区，无力支付高额的聘请高级专家学者的费用；从博士、教授、专家学者的角度说，这是对他们理论知识的检验，也是与实践相结合的绝好的机会。受聘的北京师范大学珠海分校孟子敏教授表示：从国内外乡村发展的经验看，真正适合中国乡村的历史经验很少，所以必须开拓和实践适合农村自身特点的发展之路。

（二）内生型乡村智库

内生型乡村智库即不依靠外力，由乡村内部党员干部或有威望、有能力的村民自行组建的智库咨询机构。内生型智库的产生需要特定的内外部环境，内部需要具有一些有科技能力和服务意识的人力资源，同时还需要有外部的发展趋势和竞争环境的推动。回顾内生乡村智库的发展历史，有一些成功的典范值得在更大范围内推广。

1. 强村书记"智囊团"

强村书记"智囊团"是 2014 年浙江兰溪市为加快改变乡村改革的进程成立的，市委市政府牵头选取 10 位优秀的村书记组成智囊团，10 位书记均来自该市经济发展较快的村。强村书记"智囊团"定期到经济社会发展相对落后的村进行现场调研，找问题，出主意，基本做到"一村一策"的治理。强村书记"智囊团"推行 1 年，确实解决了很多长期困扰贫困村的问题。为巩固战果，2015 年兰溪又进一步总结经验改进了强村书记"智囊团"的一些操作细节。第一，进一步加大宣传力度，扩大强村智囊的人数规模，参与的人多了，工作就做得更细致了，服务质量就更能满足农民的需求了。第二，推行"五本账"工作法，即每位智囊要记好自己所负责工作的主要清单，作为智囊考核绩效的基本依据。"五本账"实际指的是智囊团所负责工作内容的清单，主要包括五个方面：党建责任方面、晋位升级方面、村级发展项目方面、小微权力方面、村民幸福生活方面。第三，开展专家主动"问诊"活动。智囊团分工合作开展主动走访、串门、聊家常等活动，走进农村，走近农民，展开实地调研，收集一手资料，解决农村中的棘手问题或给予实践的指导。第四，强村书记智囊团主要依靠村支书的资源和能力，具有一定的创新性，但是局限性也很明显。

2. 农村党员智囊团

中国目前有9000多万名党员，他们是国家经济发展建设中的先锋模范。同时，党员干部也是乡村振兴事业的主力军。很多农村成立了自己的党员先锋智囊团。江苏启东市士清村是建立党员智囊团较早的乡村，2013年政府集结全村130名党员创立党员智囊团，在大量问题的解决中发挥了党员的先进性和创新性。到2014年，村党总支在党员智囊团的协助下先后解决处理了30多件疑难杂事。河北威县采用"党支部+合作社+农户"的模式，目标是壮大村级集体经济，建立了县乡村三级联动工作机制，县委书记负责总揽全局、乡镇书记立足一线、支部书记带领群众真抓实干。2021年1月以来，通过召开专题调度、工作推进会的方式，县级领导分村包联，举办村党支部书记培训班，组织村党支部书记外出参观学习。依托县级龙头企业，整合涉农资金，开展合作社，联合发展特色种植，强带弱、富带穷带领群众发家致富，值得在其他县域经济领域内推广。

3. 村官沙龙智库

村干部是乡村建设的主力军，是基层中的基层，且数量较多，所以从某种意义上来说，乡村智库建设的好坏，村干部是关键。因此，当前比较迫切也非常重要的是在村干部中建成智库。如：河北景县创设的"村官沙龙"制度，定期举办学习交流活动，让各位村官在思想意识方面取长补短、在问题解决的对策方面集思广益。交流活动一般以乡镇为单位组织开展，交流的内容涉及村镇具体事务的管理、致富榜样事迹的宣传、农业产业化调整等方面。交流的方式灵活多样，有专家讲座、讨论会、学习观摩等形式。2013年，景县共举办活动80多场次，农村干部2000多人次受到培训和学习提升，解决各类疑难问题百余件。这是一个符合农村实际、可靠可行的"三农"智库的新形式。

4. 乡村"群英智囊团"

这种"三农"智库形式比较成功的案例是杭州市淳安县，该县充分利用自身的资源，先后创建了469个"群英智囊团"，党员是智囊团中的主力，同时通过宣传，吸引和推荐社会各界精英人士加盟，现已覆盖全县绝大多数行政村。群英智囊团领导由乡或村领导干部担任，入党积极分子、致富能手、大学生"村官"等是主要的参与者。智囊团通过参与政策的制定、对发展布局提出咨询建议等方式参与农村发展改革，群策群力，助力乡村全面振兴。淳安县的"群英智囊团"的经验是值得在其他地区推广的，成效是显著的，智囊团2年内为村民解决实际问题3200多个，提出解决问题的建议近20000条，20多个特色创业项目有序开展，进一步提振了当地农民致富的信心。该模式可以通过乡村内部人力资源的整合实现人才的充分利用，也是可行性较强的一种智库形式。

5. 乡村"智囊书屋"

近年来，建设农家书屋成为农村精神文明道路上的靓丽风景，这对农民尤其一些年轻人具有很强的吸引力。原因是：第一，农民深刻地意识到只有依靠科技和知识的力量，才能真正致富、可持续致富，而农家书屋中农业科技类书籍或杂志可直接为农民农产品种植、加工、销售提供锦囊妙计。第二，农家书屋可以成为农民农闲时消磨时光的地方，可以减少一些打牌等不健康的娱乐活动。第三，农民多读书、多读有用的书，是提高农民文化素质和修养的主要路径，有利于家庭及邻里关系的改善。例如：山东聊城东昌府区郑家镇率先建立了农民智囊书屋，倡导"品读一本好书，掌握一门技术，拥有一技之长"，教导农村青年多读书，提升致富本领，争取实现自主创业。又如：甘肃高台县新坝镇农民把书屋当作农事活动的"技术资料库"。再如：济宁兖州小孟镇政府从财政中抽调财力大力支持农家书屋的软硬件建设，购置了大量实用的农业技术类书籍和资料，包括大棚种植、水产养殖、盆景果树种植、蔬菜种植、果树栽培、作物病虫害处理等书籍和影像资料，利用农家书屋这扇窗，开启农村居民的精神食粮的门，在逐步走向物质富裕的同时也让农民的精神生活充盈起来。

（三）内外兼备型乡村智库

除以上两种类型，还有一种介于二者之间的内外兼备型乡村智库，主要包含以下四种具体的存在形式。

1. 农村"双百"人才智囊团

山东莒县的"双百"人才智囊团主要是由从县域内的单位或村镇选拔出来的优秀人才组成，县组织部经过多层筛选，最终选出百名专业技术人才、百名农村实用人才，让这些人才按部就班地为"三农"服务。主要的服务内容有：引进促进农业经济发展的种植项目、从农业全产业链的角度拓展农民增收途径、推广先进的农业技术和信息技术、促进研究成果的评估和转化、组织农业技术或信息技术培训等。智囊团每位成员都配有团员服务卡，服务卡上清晰地写着每位专家的服务专长、服务地点、联系方式，管理者将这些服务卡及时发放给农民，农民在需要帮助的时候，可以直接以微信、短信或电话的方式向专家咨询，无须中间环节，信息供求直接对接，及时解决了农民的实际问题。

2. 农村乡贤"智囊团"

乡贤即思想品德或才能、学识被乡人崇敬的人，他们在当地村民的心中威望较高。这些人有的来自乡村，有的来自城镇，也有的来自县域或者是全国范围，不论来自哪里，一方水土养育一方人，人对故土的眷恋、对家乡的情怀都让乡贤愿意为家乡的建设贡献自己的才能和力量。2014年8月，绍兴市鼓励各县成立乡贤参事会，树立乡贤楷模人物，宣传乡贤创业事迹，进一步聚拢乡贤参与到家乡乡村振兴大业中来，同时在绍兴市、县分别颁布了《关于培育和发展乡贤参事会的意见》及《实施细则》。意见中提出乡贤可以参与当地村干部的竞选，这在很大程度上鼓舞了乡贤参政议政的士气。到2015年年末，绍兴绝大部分的乡村建成了乡贤参事会，集聚了大批乡贤的回归，担任村干部的乡贤人数达1200多人，部分乡贤担任村支书等关键职位。贵州省为了让乡贤文化深入人心，也做了很多细节性的工作，例如：将村里的优秀科技种植户、在外成功的创业企业家等树为乡贤典型，调查搜集当地历史上的优秀典型人物及其成长故事，设立乡贤名人事迹文化墙，条件成熟的打造若干个乡贤示范村，还有建设乡贤文化馆、乡贤名人文化站、乡贤成果陈列展等。广东潮州在2016年建立了乡贤的咨询委员会，委员内部拥有近千名乡贤人士，鼓励乡贤参与家乡经济社会的变革和发展，同时在以前"出钱出力"的基础上，鼓励乡贤"出智"，即让乡贤通过他们自己的经验、经历和见识，从全新的角度为家乡发展出谋划策，实现智力助农。加入乡贤咨询委员会的人要求是有德才、威望高且具有一定的社会影响力的贤达人士。这些人或者籍贯是当地的，或者是成长在当地，或者是与当地人有姻亲关系。在这近千人的乡贤委员中，有优秀党员、退休干部，有成功的企业家，还有高学历的专业人士。另外，很多乡村还充分利用互联网平台开展形式多样的乡贤交流互动，组建QQ群、微信群，形成多方力量凝心聚力干事业的良好局面。

3. "三有"企业家农村顾问团

"农村企业家顾问"制度始建于浙江省。2007年，浙江宁波奉化市有200多名成功企业家参与到农村经济顾问团中，宁波市共有上千名民营企业高管担任农村经济顾问，全省共有2800多名民营企业家成为"农村经济顾问"，共同为"三农"问题的解决出谋划策，全力参与助力乡村振兴。2015年3月3日，浙江东阳市发布了《关于建立"三有"企业家农村顾问团的通知》，通知要求各行政村积极与附近企业联系，选聘有远见卓识的企业家作为乡村产业振兴的参谋。"三有"企业家即"有精力""有能力""有基础"的企业高级管理者，他们有来自当地的，也有祖籍在当地、人在外地的，无论来自哪里，对故土都有着割舍不断的乡情，都愿意为家乡的振兴发展贡献自己的力量。可以说，这是用情感维系的智库形态，是外援型智库和内生型智库有机融合的智囊团体。为牢固树立顾问团在助农事业上的重要地位，该通知还要求建成明确的工作机制，例如：互动联络制度、"一对一"帮扶制度等。浙江省充分运用"三有"企业家顾问团制度，有效地促进体制内外部的沟通更加自然、顺畅，在更多更具体的事务上为乡村振兴提供全方位的智力支持和咨询建议。

4. 农村"网友智囊团"

2009年，河南省邓州市充分利用互联网资源，通过邓州网、邓州吧、邓州论坛等网络平台，面向全国网民举办"科学发展请你支招"的主题活动。很多邓州籍网友对这一创新的举措十分关注，他们自发组建网友智囊团，就主题活动推出的家乡面临的主要发展问题热情地发表自己的观点，贡献自己的力量，迅速汇总了目前需要解决的实际问题共350多条，改进意见或建议共268条，内容涉及与民生相关的多个领域。邓州市派专人对网友意见进行分类、整理、汇总，最后提交上级主管部门，上级部门经过科学研判之后用于实际问题的解决。为鼓励网友们参与的热情和积极性，市政府特意设立了"金点子"奖项，对有创意的新点子给予表彰和鼓励。这种方式可以扩散到全国，面向更大范围的网友。这种智库模式可以有效地将内生型智库和外援型智库有机地结合起来。

现在，中国乡村智库建设取得了初步的成效，党政领导人或管理者的智库意识越来越强，智库的形态也是多层次、多元化的，都有了很大的创新。有这么多人在努力，中国的乡村振兴事业一定大有可为。

第三节 "三农"智库典型案例

一、国外典型"三农"类智库案例分析

（一）独立型"三农"智库——以国际食物政策研究所（International Food Policy Research Institute，IFPRI）为例

该研究所在宾夕法尼亚大学智库研究项目组发布的 2016 年全球智库报告中，在美国地区排名中位列第 46 位。IFPRI 的主要目的是在世界范围内消除饥饿和营养不良，其主要任务是为政府机构提供有效的政策建议或解决方案，以减少贫困，消除饥饿。IFPRI 的主要研究涉及食品健康、粮食安全、农业基础设施建设等 6 个领域。

1. 专家人才

IFPRI 机构的专家人才主要分为三类：行政管理者、科学研究人员和研究辅助人员。2009 年国际食物政策研究所所长是樊胜根，美籍华人。樊胜根教授长期从事发展中国家的农业发展战略，特别是农业经济和公共政策领域的研究。他在中国农业科研体系、农业生产率测度以及测算制度改革和技术进步在农业生产中的作用等方面进行过大量深入而有价值的研究，并将其拓展到了许多发展中国家和地区，是该领域国际公认的权威研究者之一。世界银行、联合国等国际机构多次采用他的团队的研究成果，同时他还与中国农业科学院、南京农业大学等农业科研机构和大学建立了良好合作关系，为我国在海外农业发展领域的研究与推广起到了重要的作用，代表着中国智库学者在专业领域的国际话语权越来越强。

2. 知识产品

IFPRI 产出的知识产品类型和数量众多，并且被翻译成中文、法语、西班

牙语等版本为世界相关研究机构提供资料和研究成果。该研究所的职责就是寻求消除饥饿和贫困的可持续解决方案,旨在确定和分析替代性的国家与国际战略和政策,以满足发展中国家的粮食需求,尤其关注低收入国家和地区以及这些国家和地区的贫困群体。1996年,IFPRI与中国农科院设立了北京项目联络处,2003年,IFPRI与中国农业科学院农业经济与发展研究所联合建立了国际农业与农村发展研究中心。

IFPRI认为,创新是科学研究的灵魂,严谨的治学态度是科学研究的基本素质,优秀的研究结果需要传播和分享给那些需要的人。所以IFPRI对研究成果的宣传极为重视,一方面可以提高知识产品的市场价值,更好地践行IFPRI的使命,另一方面,能够提高IFPRI的社会影响力,进而吸引到更多的研究合作伙伴和投资方。IFPRI的宣传通讯对象很广,上至政府决策机构、学术研究界,下至一般公众。

3.品牌影响力

除了在科学研究方面外,IFPRI还努力在政治舞台上提高自身影响力,通过参与国家或国际重要问题的研讨或给出高质量的研究报告来辅助政府机构制定政策,提高其国际知名度和影响力。IFPRI在约50个发展中国家中有着越来越多的分散合作研究。在中国、哥斯达黎加、埃塞俄比亚和印度等发展中国家设有办事处,并派驻研究人员。2016年,IFPRI的研究人员认为全球气候变暖将会对农业生产产生很大的负面影响,进而导致主要农作物产量的下降以及价格连锁上涨,给粮食安全带来了很大的隐患,研究人员进一步深入研究,形成了对于特定地区的气候变化与农产品变化的数据预测模型。前任联合国秘书长潘基文邀请研究所负责人樊胜根教授加入全球领导人行列。另外,IFPRI在其他的政治活动中都有很强的影响力,例如:20国集团农业部长会议、全球农业和营养开放数据的首次峰会等。IFPRI设有专业的评估智库影响力部门,主要从以下三个方面展开智库工作评估:第一,明确评价标准,主要评估研究成果对政府层面政策制定过程中产生的影响程度大小。第二,研发适宜的评估方法,评估方法要与研究所处的不同阶段相适应,评估方法在不同阶段都要强调对实践的指导意义。第三,发布评估报告,同时,设立外部专家监督机制,评审结果都公之于众,最终在IFPRI官方网站上以简报、书籍、论文的形式公布评估成果。

4. IFPRI 的管理方式

IFPRI 沿用企业管理的方法,研究所所长是主要负责人,由理事会任命,所长对 IFPRI 的运行负责,所长办公室主要负责管理 IFPRI 的日常行政事务,包括必要的资源的提供和协助沟通等事务。所长办公室共有 21 名工作人员从事相关的管理和协调工作。IFPRI 的组织构成主要分为行政管理和学术研究两个组成部分。

(二)官方农业智库——以美国农业部农业研究服务局(USDA-ARS)为例

USDA 的前身是美国联邦政府农业司,1889 年更名为农业研究服务局,隶属于美国农业部。美国相关立法为 USDA-ARS 的研究提供了可靠的法律保障,这些法律包括:《农业研究法案》(1935 年)、《食品安全法》(1985 年)、《食品、农业、保护和贸易法案》(1990 年)、《联邦农业完善和改革法案》(1996 年)等。USDA-ARS 拥有 2000 多名专兼职研究专家和 6000 多名其他类型的工作人员,在世界范围内有百余个顶尖的研究实验室。

USDA-ARS 在 5 个不同区域(美国太平洋西部地区、美国中西部地区等 5 个区域)都设有自己的研究中心,还包括很多的工地和实验室;在美国的平原地区(美国中部的 10 个州),设立了 22 个科研基地和科学实验室,包括肉类动物研究中心、北方大平原农业研究实验室等著名的科研机构;有 27 个科学实验室和 4 个工地设立在了美国东南部地区(美国东南部的 8 个州)。

(三)大学附属型农业智库的组织结构

1. 康奈尔大学康奈尔国际粮食、农业和发展研究所(CIIFAD)

康奈尔大学在世界农业和农村研究领域中一直处于领军的地位。CIIFAD 成立于1990年,致力于农村地区可持续健康发展、世界粮食生产及食品安全、生态平衡与环境保护等问题的研究,在非洲、拉丁美洲、亚洲多个区域开展联合课题研究。目前,CIIFAD 有多位专职员工负责研究所的管理工作。

2. 加州大学戴维斯分校能源、环境和经济政策研究所(UCDAVIS-PIEEE)

该研究所主要研究有关能源、农业、气候、空气、生态和水质量等世界重大问题。研究所的优势是拥有一支研究能力和专业能力超强的学者队伍,为政府提供准确的、权威的决策建议和分析结果。UCDAVIS-PIEEE 的管理高层也是由加州大学副校长级别的人物来担任的。他们都是美国教育界杰出的领导者。

二、中国典型"三农"智库建设的案例分析

国内关于"三农"智库的建设研究尚处于起步阶段,中国特色新型智库还存在一些理论和实践的困难,各类型专业智库建设工作尚有一些空白领域需要不断建设完善。从国内智库研究现状来看,研究方法逐步侧重于定性的研究,定量研究较少。由于各级政府对"三农"问题的极度重视,各研究机构也将一部分精力投入到"三农"问题的研究和解决上来,也涌现出一些经典的农业智库成果。

(一)中国社会科学院农村发展研究所

中国社会科学院在《2020 全球智库报告》"全球智库 100 强"名单中排名第 38 位,2014 年和 2015 年连续两年被评为亚洲最强智库。农村发展研究所隶属于中国社会科学院,在"三农"问题的研究方面发展迅速、经验丰富、研究成果丰硕。

中国社会科学院农村发展研究所采用理事会制度,下设理事会和学术委员会,主要包含行政管理、科研室、研究中心和教学中心等职能部门。行政管理由 5 个具体事务部门组成:行政办公室、科研事务部、资料编辑部、信息参考室、媒体网络室。这些办公室分别负责日常行政事务管理、科研项目管理、出版物出版相关事务、数据和网络运行管理等具体业务。一方面,研究所主要负责政府政策研究和决策建议咨询,为领导提供必要的信息支持服务。另一方面,研究所结合专家的专业背景,通过资料分析,为政府层面提供政策性建议。该研究所下设农村发展研究院,负责培养农村发展专业相关的研究生。

(二)中国科学院农业政策研究中心

中国科学院农业政策研究中心(简称 CCAP)主要以农业与农村战略性和应用性的研究项目内容为主要研究方向。中心的使命是通过开展严谨、科

学的理论和应用研究，分析中国农业政策决策者及生产者面临的问题和挑战，分析农业和农村经济发展的限制因素和有效政策。中心的宗旨是根据其研究成果推动农业经济和政策研究学科的发展并为政府制定切实可行的农业和农村经济发展政策提供科学依据，为中国的农村经济现代化作贡献。最初，它是由中国农业科学院牵头成立的，2000年归入中国科学院地理科学与资源研究所管理。它是中国科学院首批国家高端智库试点单位之一，在世界范围内农业经济政策领域行业知名度较高，在国内也是具有很大影响力的大型农业智库。

（三）国务院发展研究中心农村经济研究室

国务院发展研究中心于2016年入选"全球智库150强榜单"（排名第52名）。国务院发展研究中心农村经济研究室是其下属的二级科研单位，在推动全国农业农村工作的进展方面有着突出的贡献，在智库建设方面有丰富的经验。

1. 功能任务

国务院发展研究中心农村经济研究室的核心功能是对国民经济、社会进步和改革发展的问题进行系统化研究，对重大政策进行独立、科学、客观的评价，为各级各类决策部门提供建议和参考。

2. 管理方式

国务院发展研究中心农村经济研究室采用党委领导下的主任负责制，党委负责干部的培养、选聘、任用、考核，研究室主任负责科研项目管理、行政事务管理、经费分配使用以及人才队伍建设等方面的工作。研究中心下设有综合办公室、生产力研究室、组织制度研究室和非农产业与城镇化研究室4个研究室。

（四）中国农业发展战略研究院

中国农业发展战略研究院是中国工程院和中国农业科学院于2018年共同设立、共同领导的科研机构。该研究所主要围绕我国"三农"事业中突出的战略问题及农业发展前沿问题开展咨询和研究工作，是一家专业化、学术型、非营利型的农业政策研究机构。

1. 功能任务

研究所的主要任务包括：为国家农业农村工作的战略需求提供咨询，为区域农业发展战略规划提供前瞻性的预测，为智慧农业的发展布局提供指导建议，培养农业领域高端人才，促进农业产业基础性研究的深入进行。

2. 管理方式

农业战略研究院实行理事会制度，下设 1 名理事长，理事成员主要来自中国农业科学院、中国工程院、农业部、知名高校、社会人士、农业科学研究类企业等不同的单位。理事会成员的聘请和资格确认需要经过两家创始单位共同协商来决定。研究所理事会一般下设秘书长，负责机构内日常、具体的行政管理事务工作。

（五）"三乡人"智库

"三乡人"是依托华中农业大学学科优势和人才团队而打造的，致力于服务"三农"事业的专业智囊机构。"三乡人"的服务理念是：走"资源集成"模式，坚持"创新、专业专注、诚信务实"的理念，以乡村振兴和推进"三农"事业为服务宗旨，在国家政策的指引和相关部门的支持下，依托华中农业大学雄厚的科技人才和科研设备基础优势，以 300 多家合作农业园和农业合作社作为研究、实践和推广基地，积极推进我国农业产业转型升级和建设生态宜居新农村。"三乡人"集结各类资源，坚持"市民下乡引导人，能人回乡服务人，企业兴乡规划人"的原则，2014 年以来，"三乡人"团队为各地政府和相关企业提供农业产业规划、产业发展咨询、科技人才培训等高质量服务。该团队有博士生导师 5 名，副教授和具有博士学位的员工 12 名，专家顾问 100 多名。2015 年完成国家农业科技创新与集成示范基地规划。该智库下设以下机构："三乡人"农业产业研究院、"三乡人"规划设计研究院、"三乡人"策划推广研究中心，主要业务范围包括：农业规划、产业咨询、旅游规划、乡村规划、项目申报、人才服务、策划推广、投资咨询、景观设计等。"三乡人"智库自成立以来，服务的案例很多，为地方"三农"的发展贡献了力量。典型的案例有：国家农业科技创新与集成示范基地规划、恩施自治州农业农村经济"十三五"规划、黄石农业产业精准扶贫规划、黄梅县一二三产业融合发展规划等。

（六）中国农业智库研究院

中国农业智库研究院起步于 20 世纪 80 年代中期，创立者是华中师范大学科学社会主义研究所张厚安等人，1999 年改名为华中师范大学农村问题研究中心；2011 年 1 月再次更名为华中师范大学中国农村研究院；2016 年 12 月，该研究所入选"中国智库索引（CTTI）"首批来源智库。近年来研究所还创立了中国农村发展智库平台，这一平台的发展目标是建设"国家急需，世界一流"智库平台，建成高起点、高水平的"三农"服务数字化平台。这个平台包括五大子系统：中国农村调查系统、中国农村社会动态跟踪系统、中国农村村情观测系统、中国农村数据库系统、中国农村智能决策系统等。

经过十几年的建设发展，研究院形成了一支以"求真务实、勇于创新、甘于奉献"为核心精神，以"生动、活泼、民主、团结"为核心理念，有较强业务钻研能力的卓越的研究队伍。可以说是高手云集、人才济济，这是智库人才集聚效应的体现，也在一定程度上显示出我国国家级智库的人力资源优势。研究院拥有淮海区域调研基地、吉林调研基地、福建调研基地、三峡宜昌调研基地、潮汕调研基地、云南调研基地等 24 个调研基地。研究院坚持以田野调查为基础，以实证研究为导向，承担了一系列国家重大课题，形成了一批高质量的研究成果和实践成果。研究所团队成员多次在《中国社会科学》（中英文版）发表其研究成果和学术论文，业内学术影响力较大。到目前为止，中农院研究所已经建成了有名的田野调查体系，调查途径包括"百村观察"、村庄调查、家户调查、口述史调查等，同时建立起"中国农村发展智库系统"，这一系统是大型数据存储平台，拥有海量农村调查资料，是国内大学中调查时间最长、人员资金投入最多、调查种类最全的学术机构。研究院积极实施"走出去"发展战略，增进国际学术交流，先后与美国杜克大学、斯坦福大学、哈佛大学，澳大利亚塔斯玛利亚大学，新加坡国立大学等国外大学建立了长期合作机制。

（七）河北乡村振兴专业委员会

2019 年 11 月 23 日，河北省专家服务协会乡村振兴专业委员会在石家庄成立。从此，河北也有了助力乡村振兴的专家智库。"乡村振兴专业委员会"

以提供有效服务为基本目标，既服务于"三农"，又服务于涉农企事业单位，既为政府涉农政策的制定和落地提供专家咨询专业服务，也为涉农金融、农业信息化、智慧农业、农村治理、农业规划等机构提供专家咨询和技术辅导服务。专委会从"小事""具体事"入手，提高治理能力，有效整合有限的资源，为"三农"事业健康发展保驾护航，充分发挥平台共享优势，引导企业抱团取暖，共赢发展。专委会在组织结构上分为农业农村科技专家组、农业农村金融专家组、城乡空间规划与人居环境专家组、农业农村政策与法律专家组、农业产业化专家组、农业农村信息与大数据专家组、县域经济振兴和乡村治理专家组、农村现代流通专家组等8个专家服务组。专委会的成立，将为河北省农村全面赋能，打开河北乡村振兴的新篇章。河北专家咨询服务协会名誉会长、河北省原副书记赵世居指出，乡村振兴专业委员会要为社会服务，要为"三农"服务，要建设学习型专家组，要讲政治、守规矩，不忘初心、牢记使命，坚持实事求是，不要空谈，一切以实际出发，要见成效，精准服务，提供支持。

（八）河北省乡村振兴促进会

河北省乡村振兴促进会原名为"河北省新农村建设促进会"，是在各级领导的支持和领导下，于2008年7月8日由河北省民政厅正式备案成立。目的是深化农业农村改革，加快各项"三农"事业的发展，为乡村振兴战略各项政策的制定实施服务。该促进会已纳入省财政拨款序列。

近年来，促进会主要承担河北省委、省政府领导指示的相关决策建议咨询任务，与相关研究单位、高校专家学者合作，以河北省乡村振兴相关的突出问题和热点问题为研究重点，起草的多篇调研报告得到省级领导的肯定和批示。同时，促进会强化自身平台建设，为了给中小涉农企业提供更有价值的服务，组成了战略咨询委员会、发展顾问委员会、投资策划委员会；构建了共谋共创、共享共生的乡村运营联盟机制；同时，成立了河北新农集团，该集团主要以投资、信息、教育、新农村建设事业发展为主。主要涉及十项为民服务职能：发展咨询、民居建设、务工就业、就医看病、项目对接、农资下乡、技术培训、产品营销、资金融通、公益扶贫。新的时代背景下，促进会将高效地做好协调、组织、配合工作，助力全社会力量参与并支持河北乡村振兴战略的高质量实施，发挥好其桥梁纽带作用，推动"三农"事业稳步发展。

（九）河北科技师范学院乡村振兴研究中心

河北科技师范学院乡村振兴研究中心前身为成立于2014年的新农村发展研究中心，2020年更名为乡村振兴研究中心，为河北科技师范学院处级科研机构。中心具有政策研究、成果转化、规划设计等科学研究与技术服务职责，承担学校横向项目、专家工作站和产学研基地、科技特派员等管理工作，组织实施学校技术转移、社会服务等工作。中心内设综合事务部、技术转移部、产业发展研究部和规划设计研究部等4个机构，依托学校二级学院（系、部）设立相关产业或技术领域研究所。综合事务部，主要负责中心党建与行政日常事务管理，校外有关单位的联络与协调，宣传、网站管理与信息平台建设，秦皇岛市农业科学研究院管理等工作。技术转移部负责技术成果转移经纪与经办，转移技术的跟踪管理与服务，技术转移信息平台建设，专家工作站、产学研基地和科技特派员管理，开展科技咨询、推广、培训等工作。产业发展研究部主要立足燕山、面向全省、辐射全国，围绕地方特色优势产业需求，开展产业发展、产业融合等战略研究，组织专项技术工厂（园区）建设、产业化技术方案编制等，布局创新链、打造服务链，助力乡村产业兴旺、生态宜居。规划设计研究部主要围绕实施乡村振兴战略规划服务需求，构建规划设计研究与服务团队，开展相关领域的专项规划、综合规划、论证咨询、第三方评价等研究与服务工作，开展农业品牌设计策划，服务乡村振兴战略的顶层设计与战略谋划。

（十）河北农业大学新农村发展研究院

河北农业大学的新农村发展研究院，也叫乡村振兴研究院，以科教兴农中心为主体，整合国家北方山区农业工程技术研究中心、河北省山区研究所、农村发展学院、经济管理学院、城乡建设学院、资源与环境科学学院、园林与旅游学院等相关单位的创新团队、专兼职结合组建。下设"五个中心、一个办公室"，即规划设计中心、产业研发中心、技术服务中心、人才培训中心、战略研究中心和院长办公室。

研究院的主要目标是围绕区域乡村振兴的重大关键问题，以农业创新驿站、三结合基地为主要载体，以加强校地校企合作为保障，以创新体制机制为动力，充分释放服务乡村振兴的活力，强化引导农业农村生产、生活、生态"三生融合"的服务功能，构筑技术集成创新与示范推广平台。围绕乡村振兴的人才需求，培养造就农村德才兼备的高素质基层干部、引导脱贫致富奔小康的带头人和现代新型职业农民，充分发挥学校"思想库""信息库"和"人才库"作用，创新培训机制和培训模式，广泛开展与地方政府、企业的密切合作，开辟乡村振兴培训阵地。围绕实施乡村振兴战略的发展问题，集成河北农大农林经济管理学科方面的优势，构建乡村振兴专家智库，深入开展农业产业经济发展、农业绿色发展、农业供给侧结构性改革、农村集体产权制度、农村基层治理模式、农村法治建设以及中国特色"三农"问题的战略研究，提供专题研究进展报告，发挥智囊作用。在全省不同生态经济类型区，以引导实现"农业强、农村美、农民富"为目标，充分利用构筑的乡村振兴服务平台，加强先进适用技术的组装配套、集成创新与示范推广，开辟引导乡村生态环境整治与基层组织治理的示范窗口，打造可复制、可推广的乡村振兴示范样板。

第五章　秦皇岛"三农"智库建设的现状、发展方向及内容

　　秦皇岛，隶属于河北省管辖，是国务院批复的中国环渤海地区重要的港口城市，也是知名的度假胜地。截至 2020 年，全市下辖 4 个区、2 个县、代管 1 个自治县，总面积 7813 平方千米，建成区面积 131.45 平方千米，常住人口 3136879 人（第七次全国人口普查），城镇化率 60.72%。

　　秦皇岛位于华北地区、毗邻辽宁，是我国第一批沿海开放城市，近几年又被列为首都经济圈的重要功能区，同时也是京津冀辐射东北地区的重要门户城市，中国北方地区重要的出海口、京津冀协同发展与振兴东北老工业基地两大国家战略的交汇点。秦皇岛港是中国最早的自主通商口岸、中国首屈一指的铝制品生产研发和加工基地、北方最大粮油加工基地，被誉为"车轮制造之都"。秦皇岛所管辖的昌黎县是国内著名的"葡萄之乡"，青龙被国家林业局授予"中国苹果之乡"，山海关区则是有名的"大樱桃之乡"。

　　秦皇岛市现拥有耕地作业面积 286 万亩，农业从业人口大约有 155 万人。全市粮食作物种植面积有 197.2 万亩，粮食产量大约 80 万吨，主要种植作物有玉米、薯类、水稻、小麦等，昌黎和卢龙两县是河北省的粮食生产主要核心区。油料作物播种面积约 44.9 万亩，其中花生的种植面积占到 90% 以上。同时，秦皇岛也是北方粮油加工主要城市之一，较为有名的企业有：金海粮油、骊骅淀粉、鹏泰面粉，年粮油加工能力超过 500 万吨。除此之外，还有甜玉米制品加工企业 33 家，每年玉米罐头产量达 15 万吨，可以占到全国产量的 50% 以上。园区农业形态发展迅速，全市共拥有 7 家省级农业示范园区，16 家市级示范园区。品牌农业异军突起，秦皇岛市拥有 294 家无

公害产地认证和 211 个产品认证，93 个绿色食品认证，拥有 4 个产品获国家地理标识认证，它们是：昌黎葡萄酒、卢龙粉丝、京东板栗、石门核桃。

秦皇岛的乡村旅游也是农民增收的主要途径之一，到 2020 年，秦皇岛市有 50 多个规模以上的特色乡村旅游点。其中包括：5 家全国农业特色旅游示范点、1 个省级休闲农业与乡村旅游示范县、7 家省级农业旅游示范点，1 家国家 4A 级景区、4 家 3A 级景区、8 家 2A 级景区。全市有近 3000 家农户从事乡村旅游经营，直接或间接带动 5 万人的就业。

未来，秦皇岛市遵循乡村旅游环境生态化、业态特色化、经营标准化、服务现代化、发展民生化的原则，循序渐进地扶持乡村旅游重点区域，主要包括：抚宁神奇五道沟景区、山水大新寨片区、秦皇岛葡萄产业文化乡村旅游片区、山海关大樱桃沟种植片区、青龙花果山片区、石杖子片区、卢龙柳河山谷片区、北戴河西古城村片区、抚宁田各庄片区、海港区连峪山庄片区、昌黎抚宁两山地区、坟坨片区、山海关民间文化园区、风情采摘片区、渔家风情度假片区、北戴河陆庄片区、新区蒲河片区。近几年，重点扶持了抚宁神奇五道沟、山海关万亩大樱桃沟片区、青龙花果山 3 个片区，努力将其打造成为全市、全省乃至全国乡村休闲旅游重点示范区。

如此蓬勃发展的乡村振兴事业，需要更多的人才出谋划策，需要政府机构精准施策。开展乡村振兴战略，必须坚持中国共产党对农村工作的领导，坚持农业农村优先发展的地位，坚持农民作为主体地位，坚持乡村全方位振兴，坚持城乡深度融合发展，坚持人与自然协调发展，坚持因地制宜、一地一策。乡村兴则国家兴，乡村衰则国家衰。乡村振兴战略的有效开展，必将推动新时代社会主要矛盾的顺利解决，具有深远的历史意义，是历史所趋，是民心所向。

第一节 秦皇岛"三农"智库建设的概述

一、秦皇岛"三农"智库建设的必要性

（一）"三农"智库为秦皇岛农业发展提供有力的智力支持

为了实现"农业强，农村美，农民富"的目标，2019 年，秦皇岛制定了各项紧贴民情的现实举措，在产业结构调整、农产品质量保障、农村居住环境治理等六个方面取得了一定的成就。"十三五"时期决战脱贫攻坚的关键五年，这一时期，秦皇岛市落实"藏粮于地、藏粮于技"战略。全市建成了 13 个国家级"一村一品"示范村镇，中药材作物培育种植面积提高到 13.7 万亩，有 6 个特色农产品入选全省农产品优势区，农业现代化建设实现了新的突破。秦皇岛市加快推进供给侧结构性改革，坚持"质量兴农、绿色兴农、科技兴农、品牌强农"战略导向，农业发展的总体质量、产出效益和市场竞争力有了很大的提升。2019 年，全市建成 19 个省级以上农业标准示范园区、68 家省级以上畜禽标准化养殖示范基地、34 个市级以上蔬菜标准示范园区，建成了 8 家省级农业特色精品示范基地，建成了 30 个符合国际标准的农产品生产示范园区。全市农业标准化种植覆盖率提高到 72.3%，畜禽屠宰标准化比率高达到 98%，农产品质量监测合格率持续稳定在 98% 以上。

在未来的几年中，秦皇岛主要以以下问题的解决为具体目标：进一步完善社会化"三农"服务体系、培育新型农业经营主体，打造高水平农业龙头企业，推进高质量产业集群的形成和发展，进一步带动全市涉农产业提档升级。以上一系列实际工作的开展，需要全方位的智力支持，需要有多方的力量与政府一道为"三农"问题的解决出谋划策。目前，河北省乃至全国"三农"智库很少，所以建设符合当地实际情况的智库是极其有价值的。

（二）"三农"智库是秦皇岛农村发展软实力的支撑机构

20 世纪 80 年代，美国哈佛大学肯尼迪政治学院院长约瑟夫·奈首先提出"软实力"这一概念，即在国际关系中，除经济和军事实力之外，一个国家所具有的第三方面实力，包括文化、价值观、意识形态等方面的影响力。后来

部分学者把软实力进一步用于描述区域、企业或个人等，随之形成了区域软实力、企业软实力及个人软实力等概念。

在实现乡村振兴的事业中，政府的很多财力、人力、物力用在了农村经济问题的解决上，农民的物质生活有了极大的改善和提高，但是在很多乡村出现了文化"空心"的现象，这是乡村"软实力"建设投入不足的重要体现。党的十九大报告中 3 次提到"提升国家的软实力"，可见解决这一问题的紧迫性。经过艰苦卓绝的脱贫攻坚战，曾经"吃不饱饭、穿不暖衣"的绝对贫困被彻底消灭，农民的口袋一天天鼓起来。脱贫、增收、致富，成为一个个看得见的数字与成就。与此同时，另一道不那么直观可见的风景——文明乡风这一乡村"软实力"，也在蓬勃生长。脱贫不是终点，幸福要是常态。实现可持续发展的小康，乡村必须焕发出自身发展的动力。建设"三农"智库既能紧贴当地民情，又能有效正确地传达并执行政府的政策方针，既能传承当地的风土人情，又可以吸取外来文化的精华。

（三）"三农"智库是秦皇岛"三农"人才集聚的渠道

乡村振兴，关键在人。人才发展，政策先行。"三农"智库不仅为政府提供公共政策研究和咨询服务，还可以进一步整合省内外甚至国内外的优秀智力资源，在较大的范围内统筹安排以及配置现有资源，产生相关专业人才的集聚效应，实现农业产业及智库产业价值链的纵深发展，进一步提高秦皇岛农村区域经济发展的实力以及科技创新能力，进一步激发农村经济的活力，推动新常态下秦皇岛农业农村经济和社会的转型发展。人才集聚效应的产生，需要引入具有一定影响力的项目，目前各类"智慧农业"的项目层出不穷，围绕此类项目可以形成一定程度的人才集聚。以项目聚人才、以项目促发展。智慧农业是一种新型的农业发展业态，主要是依托物联网、人工智能、大数据等现代信息技术，实现农产品种植乃至整个产业链全过程的信息获取、精准管理和智能控制，从而实现高效的产出。智慧农业的概念范畴很广，包括数字农业、精准农业、物联网农业等。因此，"三农"人才的范围进一步拓宽，对农业人才提出了更高的要求：既懂信息技术又懂农业生产。这就更进一步推动和促成了智库人才更强大的聚集效应。要打破人才流动壁垒，"流水不腐，户枢不蠹"，摒弃陈旧的用人意识、不断拓宽农村人才来源的渠道是农业新型业态发展的必然。

二、秦皇岛"三农"智库建设的原则

（一）三农智库的定位要秉承"承上启下，咨政启民"的原则

尽管很多其他类型的智库的研究建立在学术的基础上，但"三农"智库建设和发展的目标绝不局限于学术研究，更应该关注的是政策制定和政策实施。秦皇岛建设"三农"智库的定位亦应如此，坚持"承上启下""咨政启民"的定位，"咨政"就是为领导人提建议、献策献计，"启民"就是智库学者通过在各类重大事件上发表观点或见解，向公众清晰地、客观地阐述智库的看法和见解，即向上对接政府政策的解读和分析，对下紧贴当地民情，有机地将中央的各项文件精神与当地实际情况结合起来。

（二）在"三农"智库的服务能力上，要坚持专业性和综合性相结合的原则

2018 年 1 月 2 日，中共中央发布"一号文件"，明确提出了要建立乡村振兴专家决策咨询制度。全国各地陆续组建了各类不同层次的服务"三农"的智库（或智囊团），从服务能力上来看既有"三农"综合性智库，又有"三农"专业性智库。2018 年 1 月，江西省成立了乡村振兴战略研究院，该研究院是由江西农业大学牵头成立的，属于典型的综合性"三农"智库，立足于前瞻性与战略性的研究和咨询服务，包括乡村振兴模式、现代农业产业体系的优化等方面的综合性问题。2019 年 11 月，广东仲恺农业工程学院建立了第一个博士工作站，该站位于赤坎镇瑞岭村，属于典型的专业性智库，主要致力于赤坎镇园林花卉产业的发展，为该镇在园林产业的规划设计、新技术实验、新产品研发、新产能导入等发展的关键环节提供智力保障。自此之后，全国这样的智库纷纷效仿，可以很好地解决农民在农业农村生产中面临的专业性问题。所以，在秦皇岛的"三农"智库的建设上既要有综合性的智库，又要有各类专业性的智囊团。

（三）在"三农"智库的服务内容上，坚持问题导向的原则

截至 2019 年年底，秦皇岛有农业人口 123.58 万人，分布在各县区，每个县区经济发展程度不一，且都有其特色优势资源和产业，故所需的咨询服务内容不尽相同。同时，农民普遍文化水平偏低，对于智库的专家普遍有高度的崇敬和期待。所以在智库的服务上，以解决问题为导向，即农民有什么问题，我们支什么招。只有这样，智库在农村这片广阔的天地才能有影响力，才能真正成为秦皇岛乡村振兴的理性"外脑"。

（四）在"三农"智库的管理上，要坚持智库的独立性和联动性结合的原则

智库是稳定的政府政策研究和咨询机构，它独立于政治体制之外，是政策制定和实施过程中重要的影响和参与者。只有保持其独立性，智库才能自由地发表观点，保证建议的客观。基于目前我国"三农"的现状，很多问题是相似的，解决思路也是相通的，智库建设如果过于强调"独立性"，有可能使得"三农"智库的发展处于一种单一、零散和孤立状态。因此从"脑力"资源共享的角度来看，智库的管理上还要具有联动性，即政府与智库间的联动、智库与智库间的联动。

三、秦皇岛"三农"智库发展的主要方向

（一）推进秦皇岛"三农"智库的专业化建设

我国的大部分智库"官办"或"半官办"的色彩依然很浓厚，智库本身不是作为一项智慧产业存在，更像是一种吃"财政饭"的辅助机构；另外，能够称之为"专业立库""特色兴库"的也是少之又少，各自发展和研究成果的"调性"不突出；地方智库要想提升自身的影响力，必须要着重突出自身的专业特色。然而，我国的很多地方性智库机构，包括隶属于大学的智库机构在内，在组织结构设置、学科发展、项目管理、人才培养和信息化建设等方面很少有其突出的特色。一些机构即使挂牌建立了特色研究学科或特色项目，但是影响力不足，研究成果数量和质量有待于进一步提高。故发展"三

农"智库的专业化特色是未来智库发展壮大的主要方向之一。

智库建设要具有很强的问题意识和清晰的政策导向，提出的解决方案必须具有创新性、科学性、可操作性和系统性，这样才能为各级政府的政治决策提供有力的智慧支持。要实现该目标，智库就需要灵活运用专业相关的基本理论知识、研究工具、流程与方法等，能够对现实中的重大问题进行深层次的剖析，在政策框架下，提出解决问题的基本思路与有效对策。如果仅研究表层问题，缺少全局意识，智库提出的方案或咨询建议就会存在偏差，那么对应的问题也就无法真正解决。大数据分析工具不断创新的时代背景下，智库机构要主动利用数据资源整合本研究领域的信息和资源，构建专业领域的发展优势，打造专业数据库平台，对重大问题给出专业角度的洞察和分析结果。对于我国地方专业智库的建设，在服务政府政策制定实施的过程中，需要立足地方经济社会特色、面向全国全方位发展、紧跟国际智库发展的脚步。

（二）推进秦皇岛"三农"智库的市场化建设

中国智库中 90% 以上是官方智库，民间智库占的比例很小，智库总体上行政色彩浓重。与国际的一些智库相比，中国的大部分智库市场化运作的经验较少，运作的能力不足，主要依靠政府获取资源，其产出成果也直接由政府购买。美国很多优秀的智库基本是独立于政府之外的，例如：美国的布鲁金斯学会，公司或个人捐赠的资金占其资金来源的约 45%，基金会捐赠金额占 29%，出版物发行收入占 7%，政府资助金额仅占 4%。不依靠政府这个靠山，这些智库对市场有着极高的敏感性，所有的研究和咨询工作都会紧紧结合实际。在秦皇岛"三农"智库的建设过程中，市场化这一建设方向无疑是未来不可回避的可持续发展路径。在市场经济条件下，无论是政策研究还是咨询，只有为服务对象提供切实可行的决策依据，解决实际中存在的疑难问题，智库成果才能得到社会的认可，从而实现市场价值。智库只有在实践中不断提高知识产品的质量，才能不断开拓市场，逐步确立自己的品牌，提高社会影响力。

（三）推进"三农"智库的职业化建设

智库的职业化建设包含两个方面：第一，智库机构的职业化。长期以来，我国的智库机构有的存在于大学内部，有的存在于政府机构内部，有的设在社会团体的内部，所以智库在研究内容、课题申报等方面都会受到所属机构条件和环境的影响，缺乏长期的战略性职业发展规划。第二，智库研究人员的职业化。很多智库中的研究人员都是兼职在智库从事研究工作，专职人员所占的比例不多，究其原因主要是智库对研究人员激励不足，所以研究人员在研究项目上投入的时间、精力有限，智库成果也会受到影响。

智库的职业化需要有价值的研究成果来支撑，而研究成果的市场价值除了与成果自身的价值有关之外，离不开智库工作者的宣传以及推广，要努力做到与实际问题相对接。传统基金会副总裁菲利普·特鲁拉克说过："智库在推销思想产品上的投入，绝对不比在研究方面投入得少。"智库需要不断开发新的思想产品的推销路径。目前，常用的方法有举办研讨会议、就某一观点或成果举办演讲活动、通过网络渠道宣传等。近几年来，我国重要智库都建成了自己的网站，在网站上推出自己的相关研究成果或观点立场，同时向访问者提供必要的数据资料、调研材料等，这种方式是一种很有效的自我宣传和推广方式。

不同层级的社科院是专门研究社会科学发展规律的智库研究机构，更多地担负着文化传承而非原创性研究的功能。近年来，在中央"三个定位"号召下，中国社会科学院围绕一些现实问题展开研究，逐步走出学术研究的圈子，研究能力相较以前有了大幅度的提升，但距离职业化的要求还有一段路要走。

（四）推进"三农"智库的产业化建设

"产业化"的概念是从"产业"的概念发展而来的。所谓产业，本来是指国民经济的各种生产部门，后来随着"三次产业"的划分和第三产业的兴起，则推而广之，泛指各种提供物质产品、流通手段、服务劳动等的企业或组织。"化"，表示转变成某种性质或状态。产业化是指某种产业在市场经济条件下，以行业需求为导向，以实现效益为目标，依靠专业服务和质量管理，形成的系列化与品牌化的经营方式和组织形式。"产业化"是一个经济学的概念，它强调以市场为导向，以效益为中心，带有鲜明的市场属性。智库产业化是一个动态的过程，这一过程通常包括以下五个方面：一是相对统一、开放的智库政策市场；二是达到一定的规模，就智库行业整体而言，没有一定数量和规模的智库，就很难进行产业化；三是形成相对完善的市场化智库运营机制；四是形成专业化的智库分工研究体系；五是具有健全的智库配套服务系统。在当前世界经济格局发生重大变革的时期，智库之所以必须走向产业化，其原因是不仅政府迫切需要进行宏观经济政策调控的咨询，企业家也需要有关生产经营管理方面的咨询，甚至是普通公众也需要从多角度了解和熟悉政府的政策内容和导向。当社会对咨询的需求形成一定规模的时候，必然就要促进一个新兴产业的诞生，即智库产业。另外，智库产业化建设的推进首先要建立在智库长期健康存在的基础上，即要求智库要有固定的人员编制、固定的办公场所、稳定的经费支持、适宜的制度规范，而不是分散的、个体的学者和专家，否则，智库就很难形成良好的信誉，也就很难满足产业化的要求。

（五）推进"三农"智库的协同化建设

要实现有限资源的配置最优化，我们需要以协同的思想来建设"三农"智库，主要包括三方面的协同：一是研究学科之间协同。以政治学、社会学作为核心学科，同时将经济学、信息工程、统计学甚至生物科学、化学等学科进行整合，为智库建设提供完备的学科支撑体系。二是官民协同。即官方智库与民间智库之间的协同，官方智库在政府政策研究和方案的制订方面有权威，而民间智库在调研和政策执行方面更有发言权，二者优势互补，使得政府政策更好地服务于民。三是高校与地方的协同。只有不断强化协同意识，高效整合科研人才队伍，才能形成科研攻关合力。当前，社会各类问题呈现出纷繁复杂的特征，一个研究项目可能涉及多个学科，需要发挥众人智慧，多角度给出解决对策。要通过资源的协同，以解决问题为导向，以项目或课题为主要载体，建立合作式的研究模式，构建多学科、跨专业的复合研究队伍，才能有效攻克难题。秦皇岛有多所高校，这些高校与当地政府密切合作建立实验基地，共同调研国家政策的有效性，不断摸索新政策，充分利用高校便利的科研人才资源，结合秦皇岛当地实际情况开展有针对性的调研活动，达成"双赢"的效果。

四、"三农"智库建设的影响因素

我国经济进入新常态化发展的阶段，建设"三农"智库是发挥民主决策力量的有效途径，它可以使政策的决策者更便捷地倾听民众的心声，更好地保障乡村振兴目标的实现。"三农"智库的建设主要受到以下影响因素的制约。

（一）外部因素

1. 经济发展水平

在世界范围内，美国的智库发展很快，智库数量位居世界第一，知名智库的排名处于世界前列，这离不开其充足的经费支持。中国智库起步比较晚，2013年以后，各级政府加大对新型智库发展的经费支持力度，中国农业智库面临新的发展机遇。经济发达地区在智库建设上投入的资金较多，越有资金流入，那么有关"三农"发展的困境就越容易解决，进而推动经济社会的发展，这是一个良性循环的过程。同时，强有力的智库建设和发展，将使知识成果成为推动地区经济发展的动力，其创造性和可持续性更强大。

2. 公众政治需求

社会公众是政策实施的主要对象，故政策能否得到公众的认可和拥护，是政府政策实施效果考量的重要方面。如今，公众了解和参与政策制定的需求越来越明显，然而并不是所有的人都能有机会走到政策制定的部门建言献策，而智库，尤其是民间智库在一定程度上为公众提供了一条便捷的参政议政的有效途径，这个途径越开放，运用得越好，就会有越来越多适合的政策出台，这些"知识性成果"的合理推广又会进一步鼓励民众和精英参与到智库的群策群力中来。

3. 社会舆论环境

目前，中国经济处于产业结构调整期，各种社会矛盾日益凸显，迫切需要正确的舆论导向。智库是智慧产品的创造者，也是知识产品的传播者，通过此类产品为政府或社会提供需要的智力服务。实践证明，优秀的智库思想产品借助一定的媒介平台向社会公众进行信息传递，有助于主流思想价值的弘扬，有利于集聚社会正能量，对社会舆论起到传播和引导的作用。但是，在我国，对于一些热点公共事件，智库引导舆论的声音比较弱。公众期待智库给出专业、及时的政策解读和行动建议，因为智库处于第三方的位置，比较容易取得公众的信任。海外一些发展成熟的智库的经验值得我们学习，它们通常非常重视与媒体间的合作，其信息传播机制比较成熟。它们会积极主动地介入政府的公共事务，就公众关心的热点问题及时给出客观、中立的解读和分析，有效地引导公众的思想舆论导向，同时，为政府官员提供问题解决方案，起到了缓冲社会矛盾的作用。让积极、正面的智库思想产品占据主流，让正能量得以充分发挥，要求智库管理者具备很高的政治站位、丰富的社会经验和精湛的业务能力，保证智库传递出的信息能够答疑解惑、疏导民意。

4. 社会慈善文化

社会捐助是智库发展的主要资金来源，一个地区拥有的慈善机构的多少直接影响着社会捐助的规模，所以弘扬慈善文化可以在一定程度上让更多的有识之士加入到这个领域中来。美国智库的资金来源主要包括官方和非官方两种。官方的资金主要支持有官方背景的智库；非官方资金又进一步细分为基金会资助、企业资助、个人捐赠、国外政府或机构资助等，大都属于慈善捐助。美国的慈善捐助业非常发达，有许多历史悠久的慈善基金会，如卡耐基基金会（1910年成立），创始人是安德鲁·卡耐基，他注册成立了卡耐基国际和平基金会，现在已发展成为美国著名的思想库之一。2015年，卡耐基基金会为卡耐基国际和平基金会捐助285万美元，同时，还为布鲁金斯学会捐助了285万美元，为外交关系协会捐助了199万美元，为国际经济研究所捐助了130万美元。以上所列的都是比较有名气的受捐助智库，其他名气不大的就不一一列举了。因此，一个国家或地区的社会慈善文化越浓重，越有利于智库的发展和壮大，"三农"智库也不例外。

5. 高等院校数量

美国高校数量众多，且在世界高等教育排行榜中位于靠前的位次，这一优势派生出一批依托高校而生的研究咨询机构。在我国，高校在地域上分布不均衡，在大城市、中东部城市数量较多，二、三线城市高校数量有限。高校智库较民间智库而言有先天的人才优势，还有其长久以来形成的浓厚的学习和科研氛围。一个地区高校的数量，尤其是涉农类高校的数量，直接影响该地区"三农"类智库的数量及质量,例如:以华中师范大学为依托的中国农村研究院,是国内知名的涉农智库,研究和服务的宗旨是面向群众、服务基层。该研究院通过定期发布咨询简报、召开科研成果发布会等方式向决策机构传递基层群众声音。

(二)内部影响因素

很多学者把美国布鲁金斯学会的案例作为典型案例研究分析后发现:"独立性""高质量成果的产出"和"公众影响力"是使其成功运营这么多年的关键所在。智库是非营利性机构,其成员必须具有公益奉献的思想和客观求实的态度,当然充足的经费来源更是必不可少。本着服务大众、服务决策的宗旨,智库必须保持其独立性,确保其决策建议不被某些利益集团左右。所以,下面从机构属性、筹资渠道等方面来分析智库发展的内部影响因素。

1. 机构属性

官方智库属于整体体制内的机构,所以其主要以政府重大决策为研究内容,为政府机构提供必要的信息支持和政策咨询,研究经费主要来自财政的支持和拨款,所以这类智库研究人员的主要精力以科学研究为主,一般在行政事务或对外宣传方面花费的人力、物力、财力较少。相反,民间智库的发展要两手抓,一手抓科研成果,一手抓经费来源和市场开拓,所以民间智库发展的速度和规模受到一定的影响。

2. 筹资渠道

充足的研究经费是智库保持其组织独立性和成果独立性的关键。"三农"智库在初期需要大量的资金投入,仅财政支持部分不足以维持其正常运营,必须不断拓展融资渠道,通过提高社会知名度来吸引社会捐助,通过产出高市场价值的产品吸引国外机构的投资,只有减少对政府的依赖,智库才能真正壮大起来。

3. 运营机制

智库是系统的整体,其内部的组织管理制度和运营机制对智库资源的利用、成果质量的保障等方面起着重要的作用。工作人员合作方式、人才引进及培养制度、员工职业生涯规划以及研究成果推广和传播机制等都会直接影响智库发展。

第二节 秦皇岛"三农"智库建设的现状

一、智库数量及存在形式

　　智库建设在秦皇岛的发展还比较缓慢，总体水平落后，目前秦皇岛拥有与"三农"有关的智库类机构大大小小也有十几家，其中以政府和高校主办为主，民营或民间的智库机构很少。政府牵头的智库类机构主要是秦皇岛农业农村局以及下属县级的农业农村局。近几年实施的科技特派员制度，集聚了很多专门的"三农"问题的理论研究者和实践者，例如：来自河北科技师范学院园林艺术学院的果树专家张京政教授是一名板栗培育专家，他为卢龙县印庄乡的板栗种植户提供"一对一"的技术帮扶和支持，为农户提供板栗的栽培方式以及树木管理技术，在他的帮助下，印庄乡的板栗收入有了大幅度的提升，下一步专家还会继续在板栗品牌的设计和推广上下功夫，延伸板栗种植产业链，最大限度地帮助农户获利。卢龙县在所辖的 12 个乡镇分别成立了科技服务站，明确科技服务站的职责任务和人员配备，设有服务站专项活动经费，每年安排至少 70 人的科技特派员，分赴不同的乡村与涉农企业进行全程技术帮扶，把科技扶贫工作做到实处，解决农户生产经营过程中出现的技术和管理难题，真正实现科技兴农。近两年来，已开展了 70 多次的技术讲座和专程辅导，2000 多名农民群众受益。智库存在的方式可以是多种多样的，科技特派员制度无疑为秦皇岛"三农"智库的建设提供了新的发展思路，经过实践的检验是卓有成效的。

　　2020 年，河北省政府办公厅颁布了《关于全面深入推行科技特派员制度的实施方案》，明确将重点培育新型科技特派员队伍，着力构建新型科技特派员服务支撑体系，预计到 2025 年年底，全省拥有 10000 名科技特派员，全省乡镇（街道）科技特派员工作站服务全覆盖。根据《方案》，河北将鼓励以下三类人员积极申请科技特派员：一是高校教师以及科研院所科研人员，要求具有全日制大专以上学历或中级以上专业技术职称，并具备一定科研能力和奉献精神；二是在校大学生，要求具备一定科研能力或拥有科研成果；三是具有大学本科以上学历，且具备连续三年以上的科技工作经历的协会、企业人员及符合条件的退休专家、外省专家、外籍专家。科技特派员将服务于"三农"、面向企业、服务基层,协助创新主体开展技术及理论的研发活动,加速科学技术推广和研究成果的转化,提供科技创新帮扶等服务。

河北省科技行政主管部门将与每位科技特派员签署合作协议,并给予每人每年最多1万元的财政补贴,对首次通过河北省科技行政主管部门备案的工作站和工作室一次性给予最多5万元的建站补助,允许符合条件的科技特派员在帮扶服务中兼职并获取酬劳,允许科技特派员通过技术入股等方式与帮扶企业结成利益共同体。

高校牵头的智库类机构的代表是秦皇岛农业科学院,它是由河北科技师范学院牵头成立的,其下设10个专业研究所和1个科技成果转化中心,具有独立法人资格,实行理事会管理体制。农科院将充分发挥高校人才、技术和科研平台的优势,借鉴河北省现代农业产业技术体系的运行管理模式,结合秦皇岛市发展农业主导产业的需求,高效集结全市农业科技的发展优势,主动开展农业新技术研发、传统技术服务和科研成果的转化,努力建设成为科技创新能力强、研究特色鲜明、服务"三农"成效显著的农业科研协同创新中心。农科院的正式成立,标志着秦皇岛市结束了没有市级农业科研机构的历史,标志着在科技兴农方面进入一个全新的发展时期,标志着政、产、学、研协同发展与创新又前进了一大步。河北科技师范学院依靠其农业学科发展优势,还成立了乡村振兴研究中心,该中心立足燕山、面向全省、辐射全国,围绕地方特色优势产业需求,开展农业产业发展、产业融合等战略研究,组织专项技术实验室、工厂(园区)建设、产业化技术方案编制等,布局农业创新链、打造农村服务链,助力乡村产业快速发展、乡村生态舒适宜居。该智库机构先后建成了昌黎旱黄瓜产业专家工作站、秦皇岛大樱桃产业专家工作站、青龙杂粮产业专家工作站、青龙北苍术产业专家工作站、抚宁生猪产业专家工作站、昌黎葡萄酒产业专家工作站、昌黎毛皮产业专家工作站等产业技术专家工作站。本着为实施乡村振兴战略规划服务的原则,构建农产品规划设计研究与农业科技服务团队,开展相关领域的专项规划、综合规划、论证咨询、第三方评价等研究与服务工作,开展农业产品品牌设计策划,服务乡村振兴战略的顶层设计与战略谋划。

二、智库服务质量及影响力

智库产品的影响力一般认为主要表现在三个方面：一是学术分量，在内参等刊物上发表、被业内学界关注；二是实际应用，被政府采纳、被部级以上领导批阅转发，用于颁发新政策和修订现政策；三是社会反响，在公众中传播引起共鸣。智库的服务质量和影响力取决于其研究成果的质量。

智库的影响力主要有决策影响力、精英影响力和大众影响力。

1.决策影响力

决策影响力是智库综合实力评价的核心，主要表现为智库通过正式或非正式的渠道，直接向政府机构提出政策建议或咨询结果，这种影响力的发生主要依靠研究成果的质量，高质量的研究成果和对策自然具有较大的影响力。秦皇岛"三农"类智库在政策影响力方面还有很长的路要走，通常政策影响力较强的智库都是国家层面的农业智库。

2.精英影响力

智库学者及专家团队通过发表学术论文、出版学术著作或者召开研究论题研讨会等形式，将自己的科学研究成果向同行或者其他社会精英展示，这是智库发挥其影响力的重要途径之一，这种影响力即为精英影响力。提高决策影响力固然是智库发展的首要目标，但实际上，只有少数的智库可以与决策层接触并影响决策，大多数只能通过一些间接方式来提升其决策参与度，例如：通过游说来争取更多的社会精英对所持观点和立场的赞同与支持，还可以联合研究机构共同商议，形成学术主张，从而影响国家的政策决策过程。有的社会精英无法进入决策核心层，如媒体、企业界、学术界精英等，但是他们可能有便捷的信息沟通渠道，也有利于形成一定的影响力。智库形成精英影响力的途径主要有组织公共论坛、召开研讨会以及各种学术交流会议。智库还会定期邀请政府官员或大学教师等人员共同讨论热点或具有争议性的问题。

秦皇岛"三农"类智库在专业相关的方向也集聚了很多的专家、学者、社会实践人士，围绕社会关注度高的问题不定期展开论坛交流、研讨会，通过不同思想碰撞形成高质量的决策。例如：河北科技师范学院的乡村振兴研究所专门设置了专家工作站，包括：昌黎旱黄瓜产业专家工作站、秦皇岛大樱桃产业专家工作站、青龙杂粮产业专家工作站、青龙北苍术产业专家工作站、卢龙甘薯产业专家工作站、抚宁生猪产业专家工作站、昌黎葡萄酒产业专家工作站、昌黎毛皮产业专家工作站、北戴河休闲农业产业专家工作站、青龙板栗产业专家工作站。这些工作站形成了对特定产业的智力支持和技术支持,工作站人员通常由固定专家和流动专家构成,其中不乏高学历、高职称、有经验的精英,展开定期或不定期的研讨和实践。同时,研究所每年都会有相关的软件著作和技术专利,例如:王久兴教授出版的《番茄病虫害诊断与防治技术》、齐永顺教授出版的《葡萄无公害标准化生产技术》等技术成果。综上,秦皇岛"三农"类智库在精英影响力方面处于蓄势待发的阶段,尚有很大的潜力可挖掘。

3. 大众影响力

大众影响力即普通大众对智库的认可度。秦皇岛"三农"智库的大众影响力是相关产业中比较大的,例如:河北科技师范学院乡村振兴研究所开展常态化的技术咨询工作,农民在板栗栽培、水产养殖、蔬菜病虫害等方面遇到问题都会习惯性地找研究所的专家进行咨询,专家通过研究所网站和服务平台以及在田间地头直接与农民对接,使农户真正受益。例如:淼源坚果种植专业合作社2015年以来采用河北科技师范学院研发的板栗新品种、新技术,取得了良好的效果。2020年比2019年增产30%,每年减少管理用工2万多元。张京政教授号召广大栗农尽快落实新技术,让板栗园省工省力、增产增收,全面促进板栗产业振兴。参加培训学习的栗农们在观摩淼源坚果种植专业合作社后,纷纷表示,将尽快将所学所看落实到自己的板栗生产中,实现板栗增产增收增效。该研究所提供诸多专业服务,其中有著名的北戴河休闲农业产业专家工作站,该站在研制高端果品生产技术、设计休闲采摘果品包装、研制休闲旅游加工产品、加强线上线下果品销售、实施减肥减药绿色生产、加强技术培训人才培养等6个方面开展工作,民众受益匪浅,大众影响力很明显。

综上,秦皇岛"三农"类智库具有一定的大众影响力,有一群真正的服务于民的专家把服务"三农"当作毕生的事业,他们拥有扎实的理论功底,立足应用,服务"三农",将实验室搬到田间地头,将农户当作尊贵的客户,将农学技术作为服务于民的利器。所以,在全省大力发展智库产业的大背景下,秦皇岛的"三农"智库也迎来了新的发展机遇。

第三节 秦皇岛"三农"智库发展存在的主要问题

一、秦皇岛"三农"智库发展的问题

(一)顶尖"三农"类智库匮乏,综合实力不突出

从地域分布来看,我国"三农"类智库主要分布在一线城市经济发达地区、东部沿海经济发达地区,陕西、西藏等中西部地区的智库数量相对较少。高校云集的城市,如北京、上海,智库数量和规模及影响力都明显优于高校数量少的城市。与大城市相比,河北省缺乏国家高端智库且智库影响力明显不足,综合实力还有较大的提升空间和发展潜力。河北乡村振兴专业委员会、河北省乡村振兴促进会、河北农业大学新农村发展研究院、河北科技师范学院乡村振兴研究中心这些"三农"类智库在当地的"三农"问题的解决上体现出了前所未有的社会价值。但是与发达省份的"三农"类智库建设相比,智库的综合实力还需要进一步加强,包括智库的影响力、智库成果的质量、智库成果的转化等方面。另外,这些智库成立比较晚,河北乡村振兴专业委员会成立仅 3 年时间,河北科技师范学院乡村振兴研究中心成立不足 8 年,都处于经验的累积阶段,同时受到研究经费和当地实情的限制,可推广的研究成果较少。

(二)分类管理亟待加强

当前,我国农业类智库发展总体水平不高,在系统化和规范化方面有待进一步提升。智库的外部市场竞争压力不大,内部开拓创新动力薄弱,研究成果的独立性不够突出,理论支撑偏弱,对主流价值与社会舆论的引导作用不明显。涉农高校"三农"类智库大多出自院系下设的科研单位,数量较多,也各有特色和研究优势,但机构规模大小不一,管理缺乏系统性和规范性,组织架构与管理制度难以与智库职能匹配。目前,企业智库与社会智库的发展仍处于起步阶段,它们如何参与政府政策的制定和政府决策的咨询?目前还没有明确具体的制度安排。对上述各类智库,国家应该针对其不同特点分类管理,突出各自的特色和优势。政府通过对不同类型的智库给予不同的政策导向,进而规

范农业类智库，使其正规化和系统化，提高其决策的科学性。

（三）咨政水平亟待提升

首先，秦皇岛"三农"智库的战略整体谋划能力不强，对政策的总体研判能力不突出。以往的研究工作停留在政策的解读和延展上，针对未来农业产业发展的整体性战略发展和针对当下农村改革过程中解决突出矛盾的针对性对策建议不多。其次，研究总体框架缺少创新，调查与研究的方法有待于进一步更新。研究选题大多数是从专业及学科角度分类，导致热门学科重复研究、资源堆砌，反而一些现实中亟须推进的重点领域和前沿领域研究资源投入不足。研究中应用大数据或云计算等现代信息手段预测分析战略趋势的能力和创新实践不足。最后，研究成果评价指标体系不健全，成果的实用价值、理论价值缺少对应的评估指标体系。

（四）高层次专业人才不足

首先，高端农业专业领军人才极少。现有官方智库的岗位管理大多行政化色彩浓重，岗位设置不灵活，选人用人机制不科学，首席专家、资深研究员一般既有研究任务，又有管理任务，科研与行政管理人员分工模糊；社会与企业类智库大多都是兼职研究人员，缺少固定编制的专职研究性人才。其次，高层次专业研究人才梯队建设意识不强。在很多智库中骨干研究人员老龄化现象明显，人才流失的现象也愈发严重，专业化人才梯队很难支撑起来，培育人才的系统性、规范性以及制度保障严重不足。最后，人才交流的常态化机制不够成熟，人才共建制度尚需进一步完善。

（五）制度保障尚不到位

在制度保障方面，有关智库参与政策制定途径和方式的制度是缺失的，智库提供政策辅佐的渠道、成果要求以及政府购买智库服务的政策流程与操作方法还不健全，智库研究对政府决策的引导、调节以及预警等功能不明显。另外，多数党政类智库一致沿用政府机构的行政体制，针对研究专家的绩效管理制度不完善，没有根据研究人员的工作特点进行有针对性的创新。同时，智库经费使用规则、奖励制度与智库的发展水平不匹配，智库投入产出效率亟须强化，研究人员的热情和创造力需要进一步激发。

（六）尚未形成智库品牌和研究特色

智库的研究专长是智库品牌形成的主要因素，所以"三农"智库的未来发展目标是找准自身的研究方向，培育研究专长，吸引专业领域内的人才，集中优势力量作出高质量的研究报告或决策咨询意见，先在小范围形成影响力和品牌效应，然后再逐步推广到更大的范围内，逐步形成社会影响力。国外知名智库都有其鲜明的研究特色和专长，这是智库发展壮大的必经之路。

二、秦皇岛"三农"智库建设存在问题的原因分析

（一）官方、半官方"三农"智库发展存在问题的原因

"三农"智库中，多数是官方或半官方的性质，这些智库从事政策咨询的经验比较丰富，与决策机构之间的互动和联系较多。由于我国特殊的国情，官方、半官方智库都有很强的政治依赖感，研究成果转化为决策层政策的通道比较畅通。但是在灵活性、创新性等方面仍然存在具体的问题，究其原因包括如下几个方面。

1. 智库受固有政治体制影响较大

在我国，具有官方背景的智库的运行体制与党政机构部门相似，所以其不能实现真正意义上的智库独立，缺少政治话语权。智库除了从事必要的研究工作之外，还承担了许多行政性的工作内容，这也导致智库中权力氛围强而学术氛围弱的现状。官方、半官方"三农"智库没有在真正意义上实现独立运行，学术氛围和民主氛围不够强。另外，智库更关注于决策层的评价，忽略了公众舆论的力量。由于其官方背景，学者收入旱涝保收，所以对于先进理论和研究方法的学习与研究动力不足，使得智库总体创新力不足。

在智库的管理制度上，官方智库和半官方智库在员工考核机制、内部竞争机制、研究成果推广机制以及人员交流机制等方面缺乏灵活的应对机制，难以激发学者的研究积极性。首先，在考核制度方面，受职称晋升考评体系的影响，研究人员为了达到考核要求，会选择一些容易出成果的领域投入研

究精力,但是容易出成果的方面不一定能满足服务对象的需求,这会大大降低智库研究的实用性;其次,智库员工作为体制内的成员,享有公务员编制或事业单位待遇,职业安全感强,往往缺乏竞争意识,不利于形成良好的学术氛围;再次,在智库成果的转化和推广方面,官方智库习惯于应用传统的方式,研究成果往往以文献、报告等出版物为主,这些理论性很强的读物在公众中传播效力有限,削弱了公共舆论的引导功能;最后,在人员交流互动方面,官方、半官方智库成员不喜欢也不愿意从稳定的体制内被派遣到体制外的机构中去,所以仅有的人员交流局限于不定期的讨论会或讲学等形式,长此以往,智库很难把握公众的真正需求,这将大大削弱官方、半官方智库的社会公信力、影响力。

2. 缺乏独立性,降低了智库的活跃程度

官方、半官方智库隶属于政府行政机构,有着得天独厚的优势,便于直接将公众舆论通过政策研究的路径传达到决策层,以保证政府决策的理性化和客观性,同时保证社会公众利益的实现。我国政府决策体制坚持议行合一的原则,咨询机构和政府官员之间的关系对决策咨询的效能有着重要的影响。然而,官方和半官方智库由于在政策制定过程不能完全实现思想独立,所以解释政策、宣传政策的工作做得多,实际研究创新类的工作做得少。决策过程中产生"唯权、唯上"现象,不易真实反映公众的切身利益,也无法真正体现智库的核心功能。从智库研究的经验来看,智库若一味地依赖单一利益主体,将导致政策方案所维护的公共利益被取代,无法客观满足公民的社会利益需求,从而降低智库的活跃程度和影响力。

(二)民间"三农"类智库建设问题的原因分析

民间"三农"智库是真正具有独立意义的决策咨询机构,民间智库参与公共决策制定,能够推动公共政策从制定阶段到广泛实施的有效过渡,可以促进决策系统和咨询系统分离的实现。我国民间智库崭露头角是在 20 世纪 90年代,但是发展速度迟缓,同时,面临着缺少政策支持、发展资金不足的问题。分析其成因主要有以下几方面。

1. 社会配套制度不完善,不利于民间智库健康发展

目前来看,民间智库发展的配套社会环境尚需完善。首先,政策决策机

构对民间智库的重视程度比较低。从公众舆论环境来看，公众对民间智库信任度不高。国外民间智库在全球范围内能够得到快速发展，与政府高度重视民间力量参与决策咨询有很大关系。而我国政府部门对民间智库在法律上和政策上支持的力度较小，主要表现在我国对民间智库机构的注册登记有一定的要求，规定：学术科研及科技型的民办研究组织的成立，需要体制内单位的委托，到科技部或民政部进行注册登记；企业型的决策咨询公司可以在工商行政管理部门注册登记。也就是说，民间智库必须挂靠到政府相关的行政业务部门，才可以注册为民办研究组织。从法律视角看，被挂靠的行政部门或单位对挂靠的智库负有必要的法律责任。所以，政府行政业务部门大部分是不愿意接受民间智库的挂靠的。民间智库如果到工商行政管理部门注册，也就成了企业性质的智库，企业性质的智库在获得资助或税金减免方面没有政策倾斜。故民间"三农"类智库在社会中处于极其尴尬的地位。

2. 资金筹集困难，影响功能的发挥

民间智库要想产出高质量的咨询产品，大量资金的投入是必需的。实际上，民间智库资金来源很有限，也少有机会获得政府拨款。在承接政府咨询项目的时候，也不能与官方智库抗衡。每年国家的大额软科学资金都主要投入到官方和半官方智库上，高校智库也可以得到一些，民间智库的科学研究基本无缘政府资助，还需要缴纳税金。我国每年在科技创新方面会有大量的资金投入，但划拨到民间智库的比例却很小。所以，民间"三农"智库的生存比较艰难。在社会层面，企业作为民间智库的主要服务对象，他们对民间智库了解程度不够，加之民间智库自身影响力不足，所以民间智库需要在企业服务领域加大宣传力度，从小的咨询项目做起，先在小范围内树立品牌形象，帮助民营企业科学规划，使它们在发展中寻求到新的契机。

（三）高校"三农"类智库建设问题的原因分析

随着复杂社会问题的出现，专家的知识权威影响力在社会中的认同程度大幅度增加。高校智库在这方面明显优于其他类型的智库，尤其是综合性大学，学科门类齐全，理论基础好，学术氛围好，拥有先进的理念和研究方法，具备为国家大政方针出谋划策的条件。但是在中国"三农"类新型智库的发展中，高校智库存在研究成果理论性强、认可度不高的问题，究其原因包括以下几个方面。

1. 缺乏统一协调管理，使高校"三农"类智库发展受阻

我国高校"三农"类的智库数量不多，多数是一些农业类院校下设的研究中心或乡村振兴中心，承接政策研究课题的数量和规模有限，大多数机构专注于自身的研究领域，缺乏与智库及研究机构的配合和协作，难以达到智库协同的作用，造成高校智库智力资源的利用不充分甚至是浪费的现象，这需要一个全局性的长久持续的规划过程，找到各类资源之间的契合点，使之形成协同效应，彼此推动，共同发展。在我国，国内知名高校在承担国家、省部委机构的重大课题方面有绝对的优势。但对于地方院校或知名度不高的院校而言，其所承担的重大课题较少，相应地获得的资助有限，且智库研究人员的知识结构以及见识的广度都在很大程度上造成了这种不均衡发展的局面。

2. 政府课题"内控"、成果缺乏推销，制约高校智库参与政策制定

目前，我国高校智库存在受排挤、压制的现状，政府课题存在"内控"现象。据统计，我国各级政府部门有75%的课题会委托官方和半官方智库机构来做，国家层面流向国务院及各部委所辖的智库的课题数目占课题总数的80%以上，地方政府流向官方、半官方智库的课题数目占所有研究课题的83.5%。高校智库是汇集多学科、多领域专家学者的研究机构，一方面，政府课题"内控"导致国家智力资源的浪费，限制了高校智库政治职能、社会职能的发挥；另一方面，大部分信息掌握在政府手中，除了政府主动公开的信息外，高校智库很难获得政策研究所需的内部信息资源，公共信息获得渠道比较少，这就有可能引起信息不对称现象，限制公共利益诉求的有效性和准确性，影响其参与政策制定。由于受传统科研习惯的限制，高校智库的研究成果大多数仍以论文、研究报告等传统形式进行宣传，并没有一个统一的渠道宣传其研究成果。作为以知识为依托实现权力实施的咨询机构，高校智库没有发挥出精英影响力的作用。相关领域的专家学者、研究人员缺少成果宣传和推广的机制，高校智库之间也缺少学术合作交流机制，高校智库与企业、政府、社会间缺少沟通平台，使高校智库专业性的发挥不是特别明显，这些因素制约高校智库智力资源的发挥。

第四节 秦皇岛"三农"智库建设的主要内容

"三农"智库建设的主要内容是纷繁复杂的，涉及领域广泛、人员多样，现将智库建设的具体内容分类汇总为如下若干大类。

一、秦皇岛农业发展与转型智库内容

（一）农业产业化经营智库

所谓农业产业化经营，即"依照现代化农业生产的要求，彻底改造传统农业的模式，以国内外市场需求为农业经营行动导向，以提高农业产业经济收益为最根本目的，树立农业支柱产业和主导农产品，并开展区域战略规划、推广专业化种植、实施一体化经营管理模式，把生产—加工—销售、商贸—工业—农业、经济—科技—教育密切地结合起来，实施一条龙的经营模式"。农业产业化经营的最终目标是实现农业生产的专业化、社会化、市场化、系统化。秦皇岛现代农业的产业化经营模式的构建需要全局谋划，涉及多个领域，例如：产业园区的规划、主导产业的确定、龙头企业的牵引等方面。该智库内容如图5.1所示。

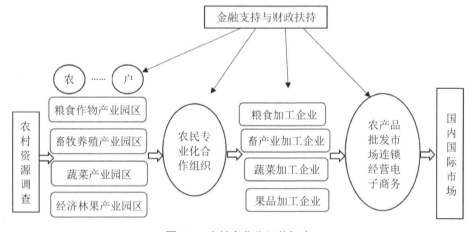

图 5.1　农村产业化经营智库

（二）现代农业社会化服务体系智库

农业社会化服务体系是指："为实现现代化农业生产的目标，政府、市场和社会三方力量共同协作所构成的社会服务系统。"该体系的主要任务是：为农户从事农业生产与经营活动提供各种便利的服务产品、服务保障和服务设施。

随着农产品市场竞争的日益加剧，单个农户几乎很难适应市场经济激烈的竞争环境，市场存在很大的不确定性，而农户应对市场变化经验不足，小农户与大市场之间的矛盾日益突出，所以构建农业的社会化服务体系必须提到日程上来。

该智库内容如图 5.2 所示。

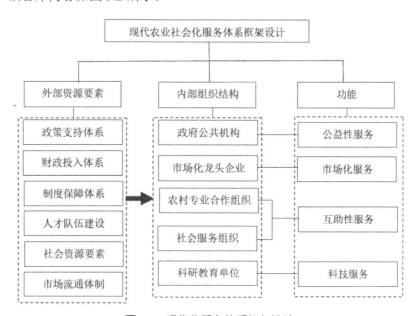

图 5.2　现代化服务体系框架设计

（三）生态农业建设智库

乡村振兴，既要发展农业经济，又要保护生态，不可以过度开发，在水土保持、植被保护、土壤保护等方面适度开发，既要让农民享受到发展的成果，又不能破坏生态环境。生态农业就是"用自然规律、经济规律以及社会规律来布局农业生产，指导农业生产经营活动"。在我国，古人一直把农业生产看成是人和自然协调发展的整体。

该智库内容如下：

1. 生态农业是农业发展的战略选择

经济飞速发展，人类改造世界的能力越来越强大，但是对自然界的破坏也是触目惊心的，土壤污染、农药滥用、林木乱砍滥伐等现实问题困扰着农业产业健康发展，所以生态农业是我国农业朝着健康、可持续发展的必然选择，是真正从民生出发的现代农业。

2. 生态农业发展的制约因素

生态农业的发展受到一些现实因素的制约，例如：农村农户的分散经营模式，传统农民接受新思想、新知识的能力比较弱，同时缺少有关技术及设备的配套物资。另外，农村基层管理组织管理经验不足，这些因素都在一定程度上制约了生态农业的快速发展。

3. 生态农业模式

结合秦皇岛自身的自然生态条件以及经济发展状况，以保护生态、提供高质量的农产品为目标，农业专家尝试利用各种农业技术组合、农作物组合模式发展适宜秦皇岛当地实际情况的生态农业模式，然后将这些模式进行比对和优化，这将关系到农业可持续发展以及生态平衡的目标的实现。秦皇岛地区的生态农业模式已有发展雏形，如北部山地丘陵棕壤区林牧果粮模式、中西部山麓平原褐土区果粮畜禽模式、东南沿海潮土区果粮菜禽渔模式。

（四）农业科技创新与推广智库

现代农业发展速度很快，农业科学技术的应用已成为农业经济快速增长的主要推动力量。但在农业快速发展的同时一直面临着资源短缺、生态环境不断恶化的危机和制约，农业科技再次为中国农业发展插上腾飞的翅膀，就要依靠农业科技的创新与推广，只有创新才能突破制约因素，只有推广才能在更大范围内实现其经济效益和社会价值。

该智库内容如图5.3所示。

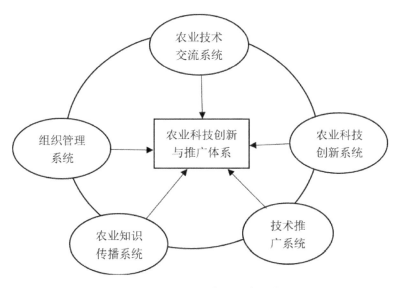

图 5.3 农业科技创新与推广智库图

二、秦皇岛农村的发展与转型智库建设的主要内容

(一) 农村资源智库

农村资源是指农村地域范围内能够推进经济社会发展的农村自然资源和社会资源的总和。

农村自然资源是来自自然界,并可以直接用于农业生产的资源。包括:土地资源、气候资源、生物资源、水资源等。

农村社会资源包括:人口构成状况、劳动力数量质量构成、配套基础设施、农业科学技术水平、农村网络条件等。建立农村资源智库的目的在于合理开发农村资源,充分利用现有资源,以实现农村资源利用的可持续发展。该智库内容如图5.4所示。

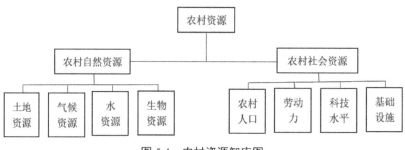

图 5.4　农村资源智库图

（二）农村土地流转智库

在现有耕地面积不足的背景下，农村要实现农业现代化生产，就必须提高现有土地的利用效率，充分利用现有耕地，开展适宜的规模化经营，开展适度的土地流转，明确流转的权利和义务，最大限度地提高土地的利用效率。这是"三农"问题解决的关键点之一，也是促进城市乡村协同统筹发展的重要突破口。

该智库内容如图 5.5 所示。

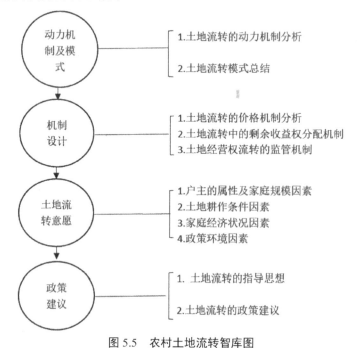

图 5.5　农村土地流转智库图

（三）农村工业化与城市化协调发展智库

农村地区经济社会发展的过程，离不开周边城市发展带动。城市的健康有序发展，为农业村经济的发展提供了广阔的市场和前景，农业农村的深化改革也为城市的进一步提档升级提供了有力的推动。

农村工业化既包括在农村区域发展工业产业，又包括农业生产的工业化。农村工业化是发展现代农业的主要领域。但是，由于一些历史原因、传统政策等因素的影响，农村城市化进展速度比较慢。为了实现农村工业化与城市化的有效协同，首先必须在资源的配置上进一步优化，而智库组织是城乡大范围内统筹资源的现实途径。该智库主要包括以下内容：

（1）农村工业化进程发展过程与现状分析。

（2）从多角度分析制约二者协调发展的因素。

（3）学习国内外工业化与城市化发展的模式，摸索其中的规律，分析其适用条件，分析秦皇岛农村工业化与城市化之间的适用模式和相互协同的关系。

（4）提出加快秦皇岛地区二者协调发展的具体可行对策，既可以提升城市的工业化发展水平，也可以促进农村地区的工业化进程，进而减少农民对稀缺土地资源的依赖，大力发展农村二、三产业，加快转移农村富余劳动力。加快农村基础设施建设，推进农业产业化经营，为农民自愿参与土地承包经营权流转创造条件，增加农民收入，提高生活质量。

（四）新农村建设智库

"建设社会主义新农村"不是一个新概念，自20世纪50年代以来曾多次使用过类似提法，但在新的历史背景下，党的十六届五中全会提出的建设社会主义新农村具有更为深远的意义和更加全面的要求。新农村建设是在我国总体上进入以工促农、以城带乡的发展新阶段后面临的崭新课题，是时代发展和构建和谐社会的必然要求。农业丰，则基础强；农民富，则国家盛；农村稳，则社会安。没有农业的现代化，就没有国家的现代化。新农村建设包括经济发展领域、政治领域、生态环境、社会文明、文化形式等方面的建设及发展趋势。新农村建设的有效推进，对于提高全民素质、提升人民的幸福感具有划时代的意义。

该智库内容如图 5.6 所示。

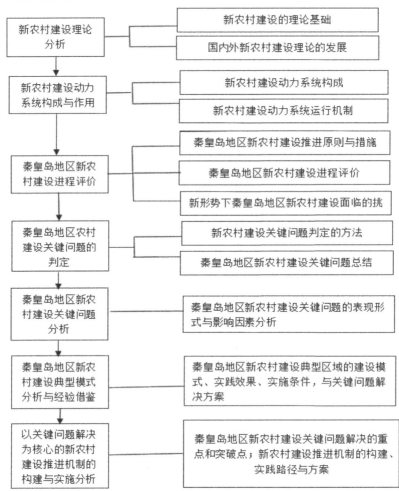

图 5.6　新农村建设智库图

三、秦皇岛地区农民的发展与转型智库建设的主要内容

（一）农民素质智库

农民是农村的主人、农业的主体，是建设社会主义新农村的主要力量。充分发挥广大农民群众的积极性、主动性和创造性，培养有文化、懂技术、

会经营的新型农民,既是发展现代农业的迫切需要,也是建设社会主义新农村的重要内容。农民素质主要包括农民的体质、知识、技能和品德等方面。体质主要指劳动者的身体与心理健康状况,而知识则是指农民对客观事物的认识和经验的总和,技能是指劳动者所具有的技术和能力,而品德则是指劳动者所具有的思想意识、道德品质等。农民的素质和积极性是影响劳动效率提高的关键因素。在推动农业农村事业发展的过程中,农业劳动者是农业生产力发展最活跃的要素。故提高劳动者的文化和职业素质,充分调动农民的主观能动性,提高农民的创新意识,激发他们的创业潜能,是农业生产效率最重要的保障。

该智库内容如图 5.7 所示。

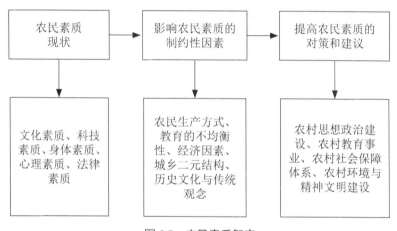

图 5.7　农民素质智库

(二)农民专业合作组织智库

农民专业合作组织是农民自愿参加,以农户经营为基础,以某一产业或产品为纽带,以增加成员收入为目的,实行资金、技术、采购、生产、加工、销售等互助合作的经济组织。农户经营具有分散性,不可能直接加入大公司的经营序列或进入大市场销售农产品。在市场经济的激烈竞争背景下,农民专业合作组织在一定程度上可以帮助单个农户抵御市场风险,提高总体的竞争实力,通过大家资源互补、抱团取暖实现农业的产业化经营,从而进一步增加农民收入,提高农民生活质量。

　　该智库主要深入调研农民专业合作组织的现状，总结农民专业合作组织已有经营模式，评估合作组织的发展能力，剖析农民专业合作组织经营中存在的主要问题及原因，探索经济新常态时期农民专业合作组织的市场优势，以及如何提高其管理效率。该智库内容如图5.8所示。

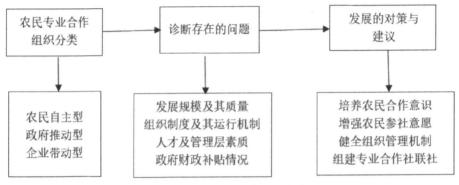

图5.8　农民专业合作组织智库

（三）农民就业智库

　　就业是最大的民生工程，更是社会稳定的保障，必须切实抓好此项工作。习近平总书记指出："就业是巩固脱贫攻坚成果的基本措施。要积极发展乡村产业，方便群众在家门口就业，让群众既有收入又能兼顾家庭，把孩子教育培养好。"总书记的话道出了千万农民的心声，也给各级政府抓好农村就业工作指明了方向。让农民"家门口就业"，一方面要大力发展"乡村卫星工厂"，让更多小微企业办到农民的家门口，从而接纳更多劳动力；另一方面要鼓励有远见的企业到农村去，发展新型农业，推动实现家门口就业。全面建立城乡一体化的公共就业服务网络，形成城乡劳动者平等就业制度，使劳动力资源得到充分开发和利用、社会就业更加充分，实现城乡就业规划同步、就业管理同步、就业政策普惠、就业服务城乡均等。

　　秦皇岛地区农民就业智库建设的主旨是探寻秦皇岛农民就业模式，筹划秦皇岛地区农民就业的政策框架，从而提高农民的就业质量和就业满意度，进一步提高人力资源利用的效率。该智库内容包括：

　　（1）基本理论。包括农业劳动力市场的供需情况分析、农民就业的特征、农村剩余劳动力转移的途径、农民就业满意度调查等基本理论。

（2）解决剩余劳动力就业问题的经验。包括：国内其他地区典型案例、发达国家典型模式、发展中国家成功案例。

（3）秦皇岛地区农民就业的现状、瓶颈以及影响因素。

（4）秦皇岛地区农民充分就业的途径。秦皇岛地区农民充分就业对于保障农产品供求平衡、提高农民收入、缩小城乡差距、促进农村社会和谐有重要意义。可以通过调整种植模式拓宽就业渠道，发展大中城市与乡村对接，吸纳农民就业，还可以通过推动农村城市化的实现来拉动农民就业。

（5）促进秦皇岛地区农业劳动力充分就业的政策建议。推进城市化发展策略，扩大农民就业的空间、强化人力资源开发的效率，构建农民就业的长效机制、健全农民就业的社会服务保障体系等。

（四）农民工智库

农民工是指户籍仍在农村，进入城市务工和在当地或异地从事非农产业劳动 6 个月及以上的劳动者。他们是政策变迁的产物，是城市里的边缘人。城市建设催生了农民工的产生，农民工是我国城市化建设中的一个特殊群体。《2021 年全国农民工监测调查报告》显示，40 岁以下的农民工占农民工总数的比例呈现下降趋势，但全国农民工总体规模仍居高不下，总数达到 29251 万人之多。这个群体为推动城市发展乃至国民经济的发展起着重要的作用。农民工问题是一个综合且复杂的问题，它涵盖了有关经济利益、政治权利、社会权益以及文化融合等多方面的问题。

该智库内容如下：

（1）农民工问题的历史沿革，涵盖了农民工产生的时代背景、该群体的社会特征；相关社会问题产生和发展的原因、具体问题及其研究现状等。

（2）农民工的就业、生活现状及社会作用。

（3）农民工社会权益保障问题，涵盖了农民工工作条件、工资报酬、劳动保障、职业病防护、民生福利、民主政治权利等。

（4）农民工子女教育问题。农民工子女包括随迁子女和留守子女。社会教育的公平性是体现社会公平的核心组成部分，因此农民工子女的教育的最大问题就是能否公平地享受到应有的教育。虽然国家对于随迁子女的教育问题非常重视，但是实际的入学过程中，这些孩子很难享受到公平的教育资源。

究其原因，一方面由于我国城乡户籍制度限制，另一方面是资金的支持以及政策的执行力度不够。

（5）农民工市民化问题。农民工市民化包含两层含义：一是内在素质的市民化，二是外在资格的市民化。内在素质的市民化是指有关市民生活意识、权利意识的形成以及生活行为方式的变化等，是农民工市民化的转化过程；而外在资格市民化更多的是指职业和身份的非农化，包括户口及其附带的福利保障等，是农民工市民化的结果。新生代农民工或者是老一代农民工的子女成为所在城市居民是社会发展的必然趋势。2010 年 1 月 31 日，国务院发布的 2010 年中央一号文件《关于加大统筹城乡发展力度，进一步夯实农业农村发展基础的若干意见》中，首次使用了"新生代农民工"的提法，并要求采取有针对性的措施，着力解决新生代农民工问题，让新生代农民工市民化。新生代农民工的父辈经过半生的打拼，经济条件有很大的改善，他们通过升学或其他途径离开乡村，在城市扎根生活工作。这是从农民工自身发展的角度来探讨市民化的问题，这个问题的根本解决还需要政府出台相关的政策，为更多的为城市建设贡献力量的农民工成为城市居民提供法律的保障。另外，政府或企业还应该通过完善新生代农民工的有关福利政策，进一步促进新生代农民工的市民化，在居住条件、经济生活、社会关系、政治参与、心理认同、就业升学、社会保障、看病就医、子女入学等方面实现平等的待遇。

（五）"三农"融资智库

我国新农村建设和城镇化所产生的资金需求巨大，仅靠国家资助很难满足，加上我国农业现代化发展缓慢，在速度上明显落后于城镇化，所以，亟须优先保障新农村发展建设的投入，提高资金的运作收益。融资体系的智库建设势在必行。同时，应完善农民资产股份持有、获利、抵押、担保、继承等管理办法，实现"资源变资产，资金变股金，农民变股东"。鼓励农村新型经营主体建设，如专业合作社、家庭农场、农业观光园等，试点推广全产业链托管、专业化托管、菜单式多环节托管等多种服务模式，支持涉农企业扩大经营，壮大新型农村集体经济模式，充分带动群众增收致富。

随着农业生产的调整升级以及智慧农业的推广，农业领域已不再是传统的劳动力密集型行业，而是技术或资本密集型的产业，拥有巨大的发展潜力

　　和投资前景。所以，政府加强在"三农"领域的金融政策的倾斜是促进农业转型升级的主要动力，既能够解决农村"融资难、融资贵、融资慢"等问题，又可以开创农民增收的新途径，同时，还可以充分利用资源要素，加快现代农业产业体系的构建，进一步优化种植结构，延伸农业产业链。但是，目前支持农业发展的金融产品和金融服务较少，资金使用效率不高，金融机构的服务能力也有待于进一步提升。因此，金融支持不足是影响农村产业深度融合发展的制约因素。农村产业深度融合是一项综合性、复杂性的工程，涉及的利益分配比较复杂，需要结合地区发展的实际情况，从微观和中观发展的角度综合研判，制定有效的金融支持政策。

　　发展中国家的金融市场是具有一定的垄断性的，信息不对称问题是干扰市场形成有效竞争的重要因素，农村的金融市场供求双方必然有着明显的信息不对称，完全依靠市场机制来有效调节金融市场是不可能的，这就需要政府部门强有力的介入，对市场供求关系进行人为的干预。同时，应该通过地方政府将分散的农户或企业组织起来，共同抵御可能发生的资金危机。在政策的制定和实施上需要政府、银行、民间专业和实践人士共同出谋划策，以实现农村金融市场的健康有序发展。

第六章 秦皇岛"三农"智库建设的政策建议

第一节 官方、半官方"三农"智库建设的对策

一、完善智库管理体制

要提升官方、半官方"三农"智库的竞争力和影响力，就要清楚当前管理体制存在的问题，具体说来，可以从以下三个方面入手：

第一，在人员考核制度上，传统来讲，对研究人员的考核是一种静态的机制，即考核的等级与技术职称相挂钩。在此基础上可以将工作绩效及对应的研究成果列入考核指标中，实现动态和静态二者兼而有之的考核机制体系。坚持多劳多得、奖优奖勤的原则，如此研究人员处于良性的竞争发展中，对于他们提高业务水平和研究技能有很强的促进作用。

管理者应结合研究人员的研究成果数量、质量、个人能力、内在动机等方面构建基于胜任力的评价机制，同时发挥绩效评价的行为导向性的作用，进而促进绩效目标的实现。

第二，在研究成果推广和宣传方面，官方智库可以尝试采用美国兰德公司建立研究成果数据库的做法，利用信息化的便利条件，通过网络平台传播和宣传研究成果，使得传播效果更加扁平化、快速化、实时化、便利化。还可以设立官方智库论坛，它可以为政府和公众交流提供良好的平台。以官方机构的身份解读和评价公共政策，有利于政府、公众和智库三方更便捷地进行利益表达，同时，有助于消除政府和公众之间因理解偏差或分歧而产生的不和谐的现象。

第三，在人员交流机制方面，在国际交流极其便利的今天，官方智库的人才交流机制要与时俱进，官方智库应该加强同国际知名智库的合作与交流，努力提升国际话语权。可以通过互派中短期访问学者、共同承担国际课题研究、邀请国际智库专家作学术报告、举办国际会议等方式，增进官方智库同国际智库的合作关系，加强官方、半官方智库研究人员同国际智库学者的思想碰撞，这些方式也有利于表达我国在国内、国际事务上旳政治观点和国际主张，提升官方智库的国际影响力。

二、增强智库研究成果的独立性

要想保持官方、半官方智库研究成果和研究过程的独立性，就要从根本上保证这类智库在经费来源上的独立。政府公共政策的颁布实施是否是最优的决策，能否反映公众的根本利益，存在哪些弊端与不足，政策实施是否到位，这些都离不开智库的研究和调查。作为政府政策制定过程的主要参与者，官方智库保持其研究的独立性是智库提供代表公众利益政策产品的重要保证，是树立智库品牌的核心内容，也是中国特色新型智库建设的改革方向。在具有官方背景的这类智库中，首先要坚持研究的独立性，包括研究的内容、研究的方法、研究的结论都要有其独立性的体现。如今，政府对智库研究需求很旺，这就要求智库在决策咨询时必须找准问题，提出对政府具有重要参考价值的意见和主张。针对重大社会热点问题、现实问题，智库必须植根于社会公众，加强与社会现实的关联度研究，掌握话语权，以中立的立场表达主张，而不是简单地成为决策层的利益代言人。智库在开展研究过程中，不能完全基于政府部门提供的信息和数据，需要对大量现实问题进行遴选，才能找准解决问题的关键点，然后组织力量深入研究，从而科学地参与政策制定，产生具有深度影响力的智库成果。

第二节 民间"三农"智库建设的对策

在中国，处理好"稳定"与"发展"的关系是一切决策的前提，可以预见中国未来的民间智库也必将遵循在稳定的基础上求发展的原则，而绝不能去做危害政府和人民的事。在中国，政府对于"民间智库"应该保持权威性，民间智库是为政府提供有效建议的服务者。

一、完善社会环境配套体系

完善民间智库的社会环境配套体系主要需要两项"支持"，一是决策机构的支持，主要来自各级政府；二是社会团体和公众的支持。首先，我国目前尚未在民间智库的管理和引导方面立法，这是民间智库的准入、运行和发展道路制度上的障碍，对民间智库参与政府的决策咨询工作有很大的影响。所以，政府应该就民间智库的规范化管理推出政策性文件草案，规范民间智库的管理行为，使其充分发挥咨政启民的作用。民间智库应在法律法规允许的范围内，开展行业交流活动，吸纳国外知名智库的发展经验，成为中国特色新型智库的一支有力的队伍。同时，政府和民间智库之间的沟通交流方式也要进一步拓宽，二者都要提高交流的主动性，尽量避免彼此之间的信息不对称。

另外，民间智库是真正意义上实现独立的政策咨询机构，政府应该为民间智库提供相对开放的公共空间和建言途径，支持更多的民间智库以不同的途径参与到政策制定和调整中，营造民主、自由的舆论环境。政府通过政策引导使公众走出对民间智库的认识误区，强调民间智库的观点和见解是社会公共利益的代表。民间智库独立性的特点使得它具有明显的批判精神和纠错意识，中国特色新型智库的建设需要培育这种批判精神和纠错意识，因此社会及政策决策者必须更加关注和鼓励民间智库，使其发挥应有的作用。通过法规制度的完善和舆论环境的调整，民间智库可以聚集更多研究人才加入到为公众和政府服务的队伍中来。

二、拓宽融资渠道

民间智库具有一定的非营利性，所以只有充足的经费才能保证其正常的运转和发展壮大，从而为政府的公共政策制定贡献其智慧的力量。具体说来：

第一，民间智库的发展可以引入产业集群概念。产业集群是指由具有竞争与合作关系的机构组成的相互联结的共生体，它们构成这一区域特色的竞争优势，进而提升该区域的产业规模和经济效益，提升市场竞争力。民间智库通过彼此的相互联系，无形中会在该产业区域的发展中接受来自合作智库隐性的竞争威胁，这就会迫使民间智库不断地寻求新的发展路径来满足自身发展，其中就包括多渠道的融资方式。

第二，民间智库可以通过市场化的手段来实现智库研究经费渠道的多元化，改变传统的只接受政府财政资助的单一渠道，通过企业、基金会和个人捐赠方式，拓宽资金来源渠道。同时，通过这种市场化手段使资金的分配更加合理，促进民间智库市场的优胜劣汰，提高民间智库的科学研究能力和水平，进而改变民间智库综合影响力薄弱的现状。

第三，在中国特色新型智库的建设中，民间智库可以借鉴像美国兰德公司、英国伦敦国际战略研究所、日本野村综合研究所这样的国际知名智库的经营经验，采用非营利法人的运作模式。民间智库面向企事业单位、社会和个人吸收资金，用吸收的社会资金从事社会公益性的问题研究。同时，通过这种方式还可以吸引公益事业的专家学者、退休政府官员等参与到民间智库的科学研究中，增加其社会话语权和公信力。民间智库应发挥自身优势，体现自身特点，以创新求突破，与官方和半官方智库错位竞争、错位发展。民间智库还要善于综合运用智能、技术、信息等新手段和新经验，不断创造新的思想产品。

第三节 高校"三农"智库建设的对策建议

一、整合智力资源

高校智库是中国特色新型智库建设中的重要角色,它在不同程度上为政府和公众的需求提供智力支持。我国高校智库处于各自为政的状态,在统一协调管理上尚有改进的空间,高校智库在资源整合、资源共享方面还未形成体系。因此,高校智库应该在上级管理部门的协调下进行智力资源的整合,提升高校智库总体的运行效率。高校智库是智慧型人才集聚的机构,要善于提出能够统筹解决当前问题、深层次问题和长远发展的思路、方案和举措。

首先,要实现高校专业人才资源整合。一个社会热点问题的研究往往涉及多个研究领域,这就需要高校整合学科资源,围绕学科建设和社会问题研究来建设高校智库资源。通过整合学科建设和人才队伍建设的方式,改变高校智库以人文社会科学研究为主的结构现状,按学术能力和学术发展方向设置不同专业背景的高校智库研究团队,有利于实现高校智库学科资源的内部整合,利用高校多学科的资源优势进行跨学科项目研究,提升高校智库的专业影响力。

其次,高校智力资源要实现基地化。国际知名智库几乎都有自己的优势保持自身发展,比如美国的智库善于利用自身强大的人才优势和综合实力拓展国际市场,英国的智库在工程咨询方面具有优势,日本的智库注重社会事务研究的参与等。高校智库应该积极开展合作,使高校间的研究关系变为机构间的合作关系,从而便于高校智力资源的基地化。

二、搭建学术交流平台

高校智库的发展与社会是紧密联系的,社会的发展导致政策需求的扩大,这就要求高校智库根据公共需求的变化调整研究领域和研究方向。高校智库必须坚持求真务实的科学精神,及时向各级决策部门和社会提出最接"地气"、便于实际操作、能取得实效的思路、方案和对策建议。因此,搭建学术交流平台有利于扩大高校智库建设体系，使高校智库的研究具备现实性。具体包括以下方面：

第一，学术交流平台要尽量趋于网格化。中国特色新型智库中的高校智库是智库思想开放的代表，也是快速传播研究思想的集散地。这就要求高校智库能根据政府、市场和社会发展的需要做出快速的反应，提供可操作的政策方案和思路。高校智库的研究成果不仅要向政府部门宣传，还要面向社会团体和公众宣传普及。因此，除了传统的期刊、书籍等出版形式外，高校智库还应该利用网络、电视、报纸、广播等传播工具搭建高校智库与外界交流的平台，增加高校智库研究成果的社会认同度。

第二，深化交流模式。高校智库的人员构成比较单一，大多都是来自高等院校的专家学者。这种单一的专家团队结构保障了高校智库为政府提供决策咨询服务的专业性，但是科研团队成员往往缺乏政府部门的工作经验，这就有可能造成对公共政策的可操作性方面的把握不是很准确。所以，应该深化高校智库同人大、政协、各民主党派的交流沟通，通过举办研讨会、成果交流会、政策发布会等方式加深高校智库同政府、企事业单位的合作关系，使高校智库参与公共政策制定的智库产品更具科学性。

第三，主动了解服务对象的需求。政府是智库的主要服务对象，掌握政府需求是咨政服务的首要任务。智库可以采用多种方式主动挖掘服务对象的需求，一是可以通过主动上门调研或走访，了解其工作重点、工作难点、服务需求，同时也让服务对象了解智库的研究专长和优秀的研究成果与案例；二是从信访局征询群众反响最强烈的实际问题，或向媒体了解报道中公众最关注的问题；三是研读各级政府工作报告，从中了解和挖掘政府年度规划和主要发展方向，找准优先发展的主要行业领域以及亟待解决的社会矛盾。

第四，搭建成熟的社会调查平台。建立订单式数据案例系统：一是全方位的调查网络，包括村落的调查、农户的调查、海外村落和农户的调查；二是重点组织实用性强的调查项目，例如：国务院扶贫办开展的"贫困村观察点"项目、国家林业局牵头的"林改村庄观察点"项目以及民政部推进的"难点村庄观察点"项目；三是"三农"数字平台的建设，如中国农村数据库，该数据库由华中师范大学中国农村研究院主办，是教育部人文社会科学重点研究基地，包含了数据、文献等相关数据库，还包括政治学文献数据库、专题数据库、农村基地数据库等相关的板块。调查系统以实地调研成果为一手资料,致力于调查电子化、数据科学化、案例系统化。现已建成百村调查系统、百居调查系统、贫困村调查系统、县乡调查系统、林村调查系统、历史名村调查系统、湖北农村调查系统等子系统,立体单元同频共振,乘数效应,多维延展。

第五,形成科学的决策服务系统。一是建设农村社会舆情监测体系。涉农网络舆情逐渐成为"三农"问题的社会"晴雨表",如果这些问题得不到妥善的解决,则会影响着农村的安全稳定。同时,由于网络的匿名性、传播快速性,政府部门涉农网络舆情的处理方式也要与时俱进,采取适宜的处理方式。在大数据背景下,运用舆情监测系统为应对涉农网络舆情危机处理提供新的思路,可以通过转变政府治理思维、监控引导体系等多种处理方式将涉农网络舆情危机控制在萌芽状态。二是建设农村政策仿真系统,提供决策参谋服务。随着计算机技术在研究领域中的广泛应用,系统仿真技术也逐步在政策实施预测过程中推广开来。同样,这些技术也将进一步服务于"三农"决策的实施与推广。农村政策仿真预测系统借助中国农村社会调查系统、中国农村社会动态跟踪系统、中国农村村情观测系统所形成的历史数据,进行先期、预先的模拟。该系统不仅能考察涉农政策的实施成效、社会影响,更能为政策的发展趋势、潜在走向提供发展预测,为农村政策的实施效果和反馈提供全方位、多角度的前瞻实验,使得决策者在政策的制定过程中少走弯路,避免风险的发生和群众矛盾的激化。三是建立农村热点跟踪系统,提供标准预测和追踪服务。充分利用官网、公众号、直播、微博等新媒体渠道发现和跟踪热点,注意收集相关的素材和舆论导向,提前预测事态发展以及群众非常关心的问题及其解决方式。

第六,组建稳定的创新队伍。坚持"顶天立地,理论务农"的遴选宗旨,不断吸纳具有新思维、新格局、新方法的人才加入科研队伍,在田间地头展开务实的走访和调研。扎实开展文化科技卫生"三下乡"活动,充分发挥学科优势,构建乡村振兴专题培训课程体系,依托乡村振兴研究院、农业创新驿站等科技创新转化平台,组织志愿服务队、科技特派员等专家队伍,谋划实施一批助力县域经济社会发展的帮扶项目,开展内容丰富的惠民服务活动,在深入基层宣讲党的创新理论、助力乡村振兴、促进农业农村现代化等方面发挥作用。1979 年,河北农业大学承担"河北省太行山区开发"的大型研究项目,并以此为契机,首次设立了太行山农业创新驿站。随着研究项目的深入开展,学校在太行地区建立了 300 多个"教学、科研、生产"三结合的服务基地,服务于广大乡村、农业合作社以及企业、政府,使太行山区的农业产业发展初具规模和影响力。2000 年以来,在现代农业产业发展大政方针的指引下,实施脱贫攻坚、乡村振兴战略,学校秉承"顶天立地"发展理念,不断提升社会服务的能力和水平,创建高度融合的创新平台,实现产业兴农、科教兴农。

第七章　秦皇岛"三农"智库体系的构建及影响力提升的策略

第一节　秦皇岛"三农"智库体系的构建

一、推进新时代"三农"智库体系建设的基本思路

（一）进一步完善"三农"决策咨询体系，健全"三农"智库治理体系

建立和完善"三农"决策咨询体系，是一项复杂的民生工程，需要总结以往案例的优秀经验，借鉴和参考国际上优秀农业智库的经验，政府层面和社会层面相结合，结合各类型智库的不同特点，搭建咨询制度框架，细化制度设计。同时，还需要整理完善咨询服务的工作规范和制度要求。另外，加大宣传力度，激发公众的需求，从而赢得信任，提高咨询体系的公众影响力。只有咨询决策体系的顶层设计与实施框架完善了，才能加快引入专业化的招标体系，进而推进"三农"智库的体系设计。

（二）提升"三农"智库咨政能力，强化职能对接与决策咨询实效

"三农"智库的核心职能是决策咨询和政策评估。要想提升"三农"智库一系列的核心职能，这就要求"三农"智库对相关领域有长期的调研和阶段性成果的累积，所以必须发挥政府智库的标杆示范功能，在咨询需求对接、沟通途径、评价监管等方面起到综合协调的作用。建立不同类型智库间的协同机制，使智库能够取长补短、成果共享、数据公开、发挥合力。建立"三

农"智库研究成果的宣传机制,外国智库的知识成果有着多样化的传播途径,主要是借助互联网、新媒体技术对智库成果进行对外传播。目前,我国智库的研究报告或成果传播途径也呈现多元化的趋势,公众影响力逐渐增强,但是在国外的新媒体平台上传播思想的途径较少。因此,秦皇岛"三农"智库在知识成果传播途径方面要深入研究,推出更多形式多样的传播途径,利用微博、微信等即时社交软件,借助智库单位官网、新闻媒体、国外知名媒体等多途径宣传。

(三)完善"三农"人才培养模式,优化"三农"智库人才结构

不断更新"三农"智库的现代人才管理意识,通过恰当的激励政策吸引高层次领军人才,着重培育人才的理论创造力、实践能力和调研能力,逐步推进与"三农"智库发展目标相匹配的人才评价指标体系建立。"三农"智库人才体系中除了研究人员以外,还有智库的专业管理人员,专业管理人员队伍在人才的培养、人才梯队的布局、制度的完善以及制度的创新方面起着至关重要的作用。这就要求"三农"智库要有吸引人才的机制,与智库人才相适应的报酬制度、福利制度、保障机制、退出机制以及职业发展计划都需要进一步完善。

1.通过培养与引进,保证智库高质量人才的供给

"三农"智库的发展,必须要有高标准的人力资源作保障。在人才培育方面,要选拔热爱农业研究又有专业背景的年轻人,通过智库的发展平台,使其获得实践锻炼的机会,最终成为适应农业农村发展的高质量人才。项目制的人才培养机制是将研究者置身于实际研究项目中,进行实践锻炼和培育的研究人才培养模式。该模式主要包括项目学习、目标分析、项目准备、项目设计、项目实施、项目评价、学习环境等要素。这种模式也被美国三大智库广泛采用。国内也有很多研究机构采用项目式育人的模式。各类"人才计划"或"人才工程"的实施和推进是国内的智库在人才培养上的主要途径,并给予智库一定的资金支持,通过人才培育资助计划,促进研究人才深入、具体、踏实地研究自己所擅长的领域。大学以及一些科研院所类的智库管理者可以带领硕士生、博士生加入研究的队伍,参与政策的探索和咨询,快速培养适宜本研究领域的研究人才。

2. 建立灵活的"三农"人才管理机制

高水平智库的发展离不开高效的核心团队，那么如何保持核心团队的稳定性？这就需要建立具有一定规模的专家资源库，充分调动现有人力资源的积极性，最大限度地发挥其所拥有知识的力量。所以，灵活的人才和资金使用机制不可或缺。人才机制不健全是智库人才引进和培育的瓶颈。因此，智库要建立灵活的用人机制，针对智库研究人员聘后管理弱化、"一聘定终身"等问题，健全完善考核制度，奖优罚劣，建立健全能进能出、能上能下的灵活用人机制，树立重品德、重能力、重业绩、重贡献的良好用人导向。"三农"智库可以尝试建立政府官员与智库管理人员相互转换的具体实施细则和流程，鼓励公务员兼职智库管理工作，保留相关待遇和福利，以便于两个角色之间的身份转换。

西方智库灵活的用人机制主要体现在"旋转门"制度上，它是促进人才灵活引入机制建立的有效手段。所谓的"旋转门"制度，是指人才在政府决策与智库部门之间可以实现身份的转换。"旋转门"机制突出的特点：第一，可以有效地促进专家、学者、官员在政府公共部门与中立的思想库以及企业界等私营部门之间自由流转、挂职。第二，"旋转门"制度下的研究和管理人员的流动是双向的，既可从民间或中立部门流动到政策制定部门，也可由政策制定部门流动到政策执行部门。兰德公司能够汇集大量顶尖人才，其人才"旋转门"制度功不可没。兰德公司成立 70 年来，集聚了大量世界级顶尖人才，其研究领军人物在美国的各大领域均有超高的影响力，为其进一步的发展壮大奠定了坚实基础。

中国拥有智库"旋转门"机制，并呈现出本土化运作的特征：官方智库"旋转门"渠道较为通畅；体制外智库"旋转门"渠道略显狭窄；地方智库与党政机关的"旋转门"渠道尚不顺畅；党政机关人员与智库专家的"单向旋转"。"旋转门"机制有助于新型智库获取数据与信息、构建顺畅的建言渠道以及盘活人才资源。但是，私营研究机构的优秀人才几乎不可能进入政府体系。实际上，民间智库有很多信息和观点是官方智库很难获取的，优秀的民间智库有其独到的研究领域和研究特长，所以政府在与智库进行人才旋转的时候，可以考虑与民间智库之间的人才旋转制度，既吸收部分民间智库研究专家进入政府部门，也可以派政府部门的管理人员到民间智库挂职。人才

"旋转门"机制,使更多公共事务管理者到智库中从事研究和咨询工作,鼓励各智库以项目参与的方式培养优秀的研究储备人才,开展与政府合作的研究项目,以提高研究对象的针对性,进而为政府决策提供更加客观、全面的制定和实施参考依据。

(四)构建人才灵活出入、专兼结合的岗位聘任机制

官方智库迫切需要灵活的人才聘用机制,若完全局限于体制内,很难适应智库职业化、市场化的要求;对于非官方智库而言,要增强其吸引人才的优势,吸纳各领域不同年龄段的优秀人才,形成与政府智库之间的差异性和互补性。人才是智库能力提升的核心资源,对智库发展至关重要。从智库研究和行政管理所需人力资源的结构看,智库人才发展需要有足够有影响力的领军人物、大量可协同的研究学者、管理人才。对于这些人才可以采用专兼结合的聘用模式,既有自有的固定的研究队伍,又要有一些高水平的兼职或客座教授学者的参与。美国知名智库在人才的选用上主要采用市场化选聘和优胜劣汰的方式。

(五)完善智库经费保障机制,完善人员激励制度

官方智库目前的主要经费来源是政府的项目资助,这一资金来源渠道很大程度上视政府财政情况而定,对于经济欠发达地区,财政经费紧张,智库经费就很难保障,研究人员的积极性也会受到很大程度的影响。所以开拓新的资金渠道来源,减少对单一经费来源的依赖,有利于智库长远健康发展。智库应紧扣调查研究主要方向,结合不同类型智库运行特点,开阔思路,尝试不同的经费获取途径。

1. 尝试新的资金来源渠道

智库的产品具有很强的实践价值,传播性强,且具有公益性,产品产出的过程需要投入大量的人力、物力,所以充足的经费支持是保障智库产品持续高质量产出的必要条件。因此,智库的资金来源要多元化。首先,通过加大智库产品宣传力度,吸引来自企业和社会的捐赠;其次,智库通过为服务对象提供定制化的产品或服务,获得销售收入,进而减少其对政府资助的依赖,同时也促进了智库产品的市场化。例如:中国国际经济交流中心成立基金董事会负

责筹资，确保基金来源多元化。中国（海南）改革发展研究院倡导发起海南改革发展研究公募基金会。中国经济体制改革研究会获得中国经济改革研究基金会资金支持。全球化智库（CCG）等机构发起东宇全球化人才发展非公募基金会，该基金会享有国家相关法律法规为个人、企业捐赠者规定的税收减免优惠资质，可以开具捐赠发票。同时，智库资金的筹集还可以通过智库发起人获得，例如：察哈尔学会创办以来主要依靠发起人韩方明提供运行经费，企业赞助日常运行和专门活动。中国指数研究院资金主要来源于房天下控股有限公司，该公司由美国国际数据集团（IDG）和高盛（Goldman Sachs）投资。盘古智库的发展得到了 23 位共同发起人的支持。收取会费也是智库资金的一个可开发的来源渠道。会费是针对社会智库的会员实施的筹资方式。中国国际经济交流中心实行会员制，中国建设银行、中国进出口银行、中信集团、东方航空、光大集团等单位都是它的会员。根据中心章程的规定，会员须履行按规定缴纳会费的义务。中国金融 40 人论坛设有理事单位和会员单位，其中会员单位缴纳的会费是其资金来源的主要渠道之一。

2. 提高资金使用效率

智库要建立相应的资金管理制度，进一步规范智库资金使用的流程，提高资金使用的效率。建立资金使用台账，监控资金使用的过程，规范大额研究经费分配的招投标制度，保证资金的使用效率。坚持"统一领导、分级管理、集中核算、责权明晰"的经费支出管理体制，坚持"谁经手、谁负责""谁审核审批、谁负责"的原则。所有支出必须有预算安排或有明确的资金来源，对无预算、超预算或无资金来源的支出不予审批。同时，智库需要定期开展项目的评审活动，资金的划拨要倾向于那些急需的、可实现性强的项目。资金的使用要层层落实、严格把关，提高资金的周转和使用效率。

3. 设立智库发展基金

智库发展需要大量资金，政府支持是有限的，这就需要注入大量的社会资金。社会资金以怎样的方式投入呢？美国智库的实践告诉我们：通过设立智库发展基金可以有效地吸收社会资金的投入。中国发展研究基金会（下称基金会）是由国务院发展研究中心于 1997 年设立并领导的，在民政部注册的全国性、公募型基金会。基金会旨在动员社会各界力量开展政策研究，促进科学决策，服务中国发展。基金会的管理工作由董事会负责，包括基金的运营管理、基金的分配等。为了保证基金的保值增值，董事会可以委托投资机构选择风险小、收益稳定的投资项目来运营基金。但是选择什么样的委托投资机构来运营基金，有一定的风险，所以必须做好风险防范。目前，"三农"类智库设立基金会的很少，这是未来该类智库完善管理的主要方向之一。

4. 给予智库运营税收优惠

为了给智库发展"减负"，根据国外经验，政府应给予智库收入相应的税收政策优惠。主要包括两个方面：第一是减免为智库提供资金捐助的企业或个人的税负，这是对企业支持智库发展的鼓励；第二是对智库的部分经营所得给予税收优惠或减免，因为无论是智库组织的活动或其研究成果都具有较强的社会影响力，最终的目的都是服务社会和大众。

（六）加强智库国际对外交流，增强"三农"智库参与全球话题话语权

促进"三农"智库与国外政策研究机构以及海外成熟智库的项目合作，积累我国智库参与世界重大议题探讨的经验，树立我国在世界舞台上的大国形象。同时，通过参加或组织国际会议等方式加强与海外智库人才的交流，吸纳和抢夺国外优秀智库专家不同程度地参与到国内智库研究工作中，选派国内"三农"智库优秀人才进入国外智库或研究机构学习和深造，不断提高国家互信，并达成发展共识。具体主要从以下五个方面着手。

1. 强化"三农"智库全球服务理念

进入 21 世纪以来，"地球村"的概念已深入人心，物质资源和智慧资源在全球范围内进行转移和分配，所以智库的发展必须具有国际视野，必须树立服务全球化的理念。所谓服务全球化是指服务的生产、消费和相关生产要素的配置跨越国家边界，形成一体化的国际网络，各国智库服务相互渗透、融合和依存，国际化的智库服务供给和消费不断增加。"三农"智库应在全球关注度较高的问题上加大研究力度，在世界粮食生产、发展中国家食品安全、南非地区的农业发展问题等方面提高关注度，将我国"三农"问题解决的成功经验输出到需要的地方。

2. 积极参与智库国际化交流活动

这些活动的形式多种多样，包括研讨会、学术交流活动、交换生项目、专题报告会、互联网论坛等。"三农"智库通过不同程度、多角度地参与国际

项目的研究过程,在国际重大研究领域中崭露头角,通过不同层面的立体化交流,国际国内互通有无、互相学习、深度融合。

3. 加快建设国际化交流分享平台

智库管理人员要定期组织国际会议或参与国际智库论坛,利用这种面对面交流的机会,分享观点、交流经验、展开讨论,有利于思想碰撞,提高沟通的效率,了解研究前沿,促进彼此之间的信任,为以后的合作打下坚实的基础,为智库推出更高质量的研究成果提供了素材,同时也为研究者打开新的格局和视野。

4. 提升"三农"智库专家国际交流能力

智库人才是智库发展的主要支撑,智库的国际化自然需要一批有国际影响力的智库管理者和研究者。高质量研究成果的产出不仅要求他们具有丰富的专业知识储备,还需要对国际热点问题有较高的关注度和正确的解读能力。能参与国际竞争的智库专家只有具备良好的国际交流能力,才能获得其学科领域内的国际话语权。所以提升专家的国际交际能力,有利于提升我国智库的综合影响力。

5. 加大"三农"智库海外分支机构的规模

在海外建立智库分支机构是我国智库走向国际化的必经之路。通过这些分支机构,本土智库研究人员在开展国际项目研究的时候可以便利地获得当地的调研数据和资料,也可以与当地的学者展开随时的交流和互动,有利于智库研究成果质量的进一步提升。

二、智库的角色定位

智库源起于"智"、专于"策"、成于"用",主要通过智库产品来提升其影响力。智库作为"咨政产品"的生产"厂商"、决策咨询服务的供给方,首先必须解决好"为谁生产""怎么生产"的问题。这是智库发展的基础定位问题。

从发达国家的历史经验来看,要想产出较高的绩效,必须要有清晰具体的功能定位。正如马克斯·韦伯所言:"要想考察任何有意义的人类行动的根本成分，首先应从'目的'和'手段'这两个范畴入手。"① 同时，还需要有适宜的目标定位，即我们擅长研究哪类问题、我们的主要服务对象是谁、我们的服务目标要达到什么程度。

明确"为谁生产"，树立目标导向。为谁生产，是智库产品生产的首要问题。中共中央办公厅、国务院办公厅印发的《关于加强中国特色新型智库建设的意见》指出："以服务党和政府决策为宗旨，以政策研究咨询为主攻方向。""三农"智库必须始终坚持党的领导、为党和国家大局服务，矢志不移地坚持中国特色建设之路，努力稳步推进乡村依法治理决策，提升中国农民的幸福感和获得感，提升农业现代化作业水平，通过实际行动和实际成效来显现我国软实力与国际话语权，不断供给和产出适应"三农"现状的智库产品，为实现中华民族伟大复兴的中国梦提供丰富且强大的智力支撑。当前，随着我国"三农"智库建设持续推进，很多研究机构向智库转型，但是研究思路、模式等方面与智库的要求不相符，存在目标模糊、问题不准、缺少聚焦等情况，甚至一些研究存在敷衍了事、不落地、不精准、假大空的浮躁的现象，导致智库研究及相关成果"供需失衡、问题不精、落地不准、实用性打折"。因此，必须在智库建设中矢志不移地坚持中国特色智库建设发展方向和基本原则，立足于实际问题，切实满足政策需求，紧紧围绕当地重要的政策导向，精准研究和解读党委政府的政策和规划，积极加强与政府及其研究部门的合作，做到选准题、答好题、服好务。

到 2035 年，乡村振兴战略取得决定性进展，我国农业农村的现代化目标基本实现；到 2050 年，乡村实现全面振兴，"农业强、农村美、农民富"全面实现。秦皇岛"三农"类智库要紧紧围绕乡村振兴的战略目标，确定自身的目标定位，在推进秦皇岛乡村振兴的大业上添砖加瓦。构建乡村振兴专家智库，深入开展农业产业经济发展、农业绿色发展、农业生态化、农村土地流转、农村基层治理模式、农村法治建设以及中国特色"三农"问题的战略研究，提供专题研究进展报告，发挥智囊作用。在全省不同生态经济类型区，充分利用已有的乡村振兴服务平台，加强先进适用技术的组装配套、集成创新与示范推广，开辟引导乡村生态环境整治与基层组织治理的示范窗口，打

---

① 钟裕民，刘伟.现代新型智库：角色定位与实现路径[J].福建行政学院学报，2017（1）：82-87.

造可复制、可推广的乡村振兴示范样板。

三、机构属性

按照智库机构的属性,"三农"类智库可分为以下五类。

(一)国际性"三农"智库

国际性"三农"智库一般是由两个及两个以上的国家联合组建或由联合国牵头创建的综合性国际智库组织、主要职责是研究解决国家或区域以及国际普遍关心的重大问题。如:欧洲政策研究中心,是一个主要研究欧盟内部相关政策的独立的智库组织,成立于1983年,属于非营利性质,其主要任务是研究欧盟各国在政治、经济、社会、文化方面的政策,在这些工作中很重要的一项就是研究各国粮食政策、保护自然环境、消除饥饿和营养不良等问题。

(二)政府官方"三农"智库

政府官方智库被称为政府决策的"内脑",是由政府通过立法或依照行政组织条例组建而成的。官方智库位于政府体系内部,直接向领导人提供决策参考是它们的主要职责。按照行政隶属关系,该类智库可划分为中央政府型智库和地方政府型智库;按照智库服务对象,又可划分为服务于最高决策者的智库和服务于其他行政部门的智库。在我国,政府官方农业类智库在数量和质量方面都有绝对的优势,其典型代表如:中国农业科学院、国务院发展研究中心、上海市人民政府发展研究中心、中国社会科学院等。

(三)政府半官方"三农"智库

与政府官方智库不同,政府半官方智库不隶属于政府机构,这类智库具有一定的官方背景,性质上属于民间智库,它们虽然从组织关系上不隶属于任何政府部门,但却与政府部门有着紧密的关系。它们或通过直接接受政府部门的资助来进行相关研究和咨询服务活动,或与政府部门签订长期或短期的研究合同。例如:日本的综合研究开发机构(NIRA)属于典型的半官方智库,成立于1974年,是由产业界、学术界、劳动界共同发起,由日本国会设立的研究咨询机构。

（四）民间"三农"智库

民间智库指依靠财政以外的社会资金支持其业务运转的私人或民间智库机构，它们为政府或客户提供咨询服务。民间智库的资金来源主要有：基金会捐助、企业投资、个人捐助以及智库成果研究收入等。它们在组织上具有绝对的独立性，具有法人资格，其主要特征是自筹资金、独立运作、自负盈亏。相对于官方智库而言，民间智库最显著的特点就是"民间性"，即专家构成的民间性、经济来源的民间性、代言群体的民间性等，尽管如此，民间智库又直接或间接地服务于各级政府决策，是各国智库构成中重要的组成部分。在西方发达国家，尤其是美国，绝大多数优秀智库都属于民间智库。有的民间智库规模庞大、资金雄厚，而且接近美国权力中心，对美国政府决策有着十分强大的影响力。

（五）大学附属型"三农"智库

该类智库是指隶属于某个大学内部、从事政策研究和咨询工作的智库组织，它主要依靠其校方拨款和基金会捐助或个人捐助等方式获得研究经费，其研究人员都是大学内部的学者或教授。由于此类智库隶属于高校内部，因此还要承担人才培养的任务，这也有利于研究人员的储备和接续。与民间智库相比，该类智库不具有法人资格，在合同签订、财务上也不能完全实现独立。但它们成长于大学内部，拥有综合的理论知识框架、良好的研究氛围，该类智库是最易于创造新思想和新成果的智库。在美国，很多知名的智库都与大学密切相关，如胡佛研究院，1919 年创办于美国斯坦福大学，是美国历史上第一个"思想库"。再如，河北农业大学与保定市人民政府分两批共建了 50 个太行山农业创新驿站，涉及保定市的 19 个县（市、区），涵盖果蔬、中药材、养殖等 10 大类 35 个特色农业产业，市校携手培树"太行山农业创新驿站"战略品牌，山区突出绿色有机，平原突出科技高效，着力建设一批具有保定特色、能够显著发挥示范引领和辐射带动作用的国家级现代农业创新示范样板基地。

综上，秦皇岛"三农"智库的机构属性也应该是多元化的，不同属性的各类智库在智库体系中各司其职,协同发展,坚持"三农"问题导向、科学导向,构建智库综合平台,平台以决策咨询任务为导向,采用矩阵式管理模式,凸显智库平台开放、高效、专业化的特点。无论智库是哪种属性,都应该是具有"中国特色"的,"中国特色"是相对于国外智库的发展模式而言的,强调中国未来的智库发展是在尊重中国历史、立足中国现实、直面中国问题的基础上演化形成的,它需要符合智库发展的基本规律,但不是照抄照搬任何国家智库发展的既有模式。

四、组织模式

(一)职能部门模式

职能部门模式即智库是正式的组织形态,这种模式依据具体职能而形成职能部门模式的组织构架。中国的大部分智库属于此类的组织结构。职能部门包括研究部门和辅助部门两类,研究部门大多依照研究主题细分成不同的研究部门,辅助部门则按照从事工作的不同职能划分为办公室、信息中心、对外宣传部门等。以国务院发展研究中心为例,其研究部门包括宏观经济研究部、发展战略和区域经济研究部等,辅助部门包括办公室、信息中心、国际合作局等,还有《管理世界》杂志社、中国发展出版社等对外宣传部门。

(二)应急组织模式

应急组织模式即智库没有一个常设的组织形态,仅在有突发事件之时成立。智库的研究人员都临时从其他组织抽调,在突发事件发生时,迅速组成专家组完成工作。智库的核心职能是组织协调工作,而不是政策研发工作。例如:甘肃省成立由5大类专家组成的应急管理专家组,包括自然灾害、事故灾难、公共卫生、社会安全和综合管理5大类,细分为26个领域。

五、智库影响决策的主要途径

智库观点或报告等智库成果只有在实际中得到运用和转化,才能实现其社会价值。转化和运用的主要方式就是影响政府决策的制定，全面发挥民主参与的思想，促进决策的落地和实施方案的最优化。

（一）参与调研和起草决策层重要报告和规划布局

这是最常见的途径，也是最直接的途径。人民政府政策研究室的工作就是通过直接参与决策规划的制定影响政府决策的，该机构一方面负责政府工作报告的组织起草工作，另一方面还要针对一些社会重大问题和重大政策进行网络或实地调研，提出具有可实施性的咨询建议。政府的政策、文件与法规在正式出台和公布以前，都需要进行周密的调研工作以获取相关数据、资料和信息，智库一般是此类工作的承担者，并形成调查报告，报告中要体现出客观的数据分析结果或具有前瞻性、客观性的建议。除此之外，政府各职能部门定期围绕"三农"重要问题和规划设立研究选题或项目，再委托协会、学会、高校的学者或专职研究人员进行调查研究，且给予经费的资助。河北科技师范学院乡村振兴中心每年都会组织专家咨询团队，承接政府"三农"类课题，利用自身的学科优势，提出建议或方案，成为当地政府决策的有利补充。

（二）撰写内参向上级决策者输送研究报告和政策观点

采用这种方式影响政府决策的一般是"三农"官方智库。作为政府下设的农业农村研究机构，开展"三农"政策研究，提出思想、主张或建议是此类智库开展工作的职责和使命。此类智库的内刊是其工作内容和工作成果的展示，大多数是关于战略性的全局问题，作为政府官员决策的参考资料。

（三）参与政府决策层的座谈会及培训来影响决策

政府进行涉及公众利益的重大决策前，按照惯例会召开有关专家学者的座谈会。通过这种形式一方面征集社会公众的心声和需求，另一方面征求学者、专家以及人民团体对重大问题解决方案的意见和建议。受邀的专家和学者都是对重大问题有一定理论基础和知识储备的研究人员，他们在座谈会上的主张和观点很可能被政府部门采纳，这种影响政府决策的方式是最有效的，也是最节约成本的。另外，政府部门会开设一些政策培训课程，智库的专兼职学者受邀前来授课和进行学术交流。这也是一种传播智库声音和思想的间接途径，这种途径对于影响力较小的智库具有一定推广性。

（四）通过在学术会议和论坛发表言论为决策提供参考

主办或参与学术论坛或学术交流活动是智库每年的常规工作。这是智库学者面对面交流思想、互换观点的平台，也是智库之间在管理体制、用人制度、组织活动等方面改善的学习机会。在会议上，主办方会安排专家讲座，并开展讨论或进行相关研究的汇报，间接地向政府决策者输送了价值主张，对决策者实施的相关决策有一定的影响力。

（五）通过出版公共刊物、书籍发表观点

大部分智库机构都办有自己的公开刊物。这些刊物是智库研究领域和研究方向的重要体现，是智库向社会大众和政府展示自己研究成果的重要方式。除此之外，智库会将其研究成果编制成书籍加以记录和推广。这些刊物和书籍都为当前阶段"三农"各项事业的稳步推进提供了学术建议，是智库重要的理论和实践研究的承载物，也是智库的宣传媒介。

（六）与媒体互动参与热点问题的讨论，表明意见和建议

大众媒体形式的多样化为大众参与决策、影响决策提供了多元的途径，智库也是其中的受益者。智库研究员在媒体上刊登文章或者接受媒体的采访发表意见、表明态度是其影响政府决策的一种新方式。这种途径一方面引起社会公众的注意，另一方面吸引政府的关注，间接影响政府决策。对于距离决策层较远的智库来说，这是个有效且快速向决策层输送建议和意见的方式。同时，也在一定范围内宣传了智库的政策观点，一定程度上提升了智库的影响力。

（七）相关专业智库专家解决"三农"相关的技术难题

智库一方面是政府的外脑，另一方面也是群众的帮手，相关专业智库专家（果树种植专家、水产养殖专家、乡村旅游学者、农产品深加工领袖、农产品营销专家等）都要走到乡间地头、田间大棚、农户家中以及乡镇企业中去实地调研，解决一些亟待解决的技术或管理问题。智库专家的知识财富只

有得到老百姓的认可,才是智库提升其影响力的最鲜亮的旗帜。

六、秦皇岛"三农"智库发展趋势

(一)"小机构、大网络","三农"智库身段更灵活

智库发展必须注重思想产品供求双方的对接,而不拘泥于智库本身的组织形态,智库可以是实体存在的研究机构,也可以是虚拟网络形式的思想交流平台,如论坛会议、智库联盟等。在平台型智库中,通过平台资源可以形成虹吸效应,更好地将外部资源吸引过来,"不求所有,但求所用",平台型智库的研究成果主要通过跟踪、访谈、采编和摘录专家观点而形成,服务于研究。"三农"智库的思路是以"精干、务实、高效"为原则,以"小机构,大网络"为基石,合署办公,一体两用,虚实结合。除专职研究人员外,还可以从高校、研究机构等聘请省内知名专家为特聘研究员。他们的编制、人事、工资等虽不在所属智库,但他们的思想资源可属于智库,智库提供研究经费,用于做课题、搞研究、拿对策、出成果。今后,智库还会在省内外,甚至国内外聘请相关的研究人员。

在大数据、云计算、社交媒体等信息技术的大背景下,政府和公众之间的信息不对称在逐步消除。在网络和大数据的背景下,全国乃至全球的智库链接和政府信息都会有机融合,形成更加精细、更加全面的信息网络,为政府提供全方位的信息资源,更加有利于其制定科学的决策。同时,与政策相对应的社会舆情以及政策的预判结果也可以通过数据分析和挖掘来进行科学的判断。

(二)"提质量、重管理",智库运营更规范

通过不断推出智库的高水平的研究成果,"三农"智库可以建立并巩固其公信力和影响力。一些智库开始运用人工智能、大数据等先进的工具、方法开展研究,并逐步构建严格的成果质量控制流程以及危机管理机制。高效、严谨的成果质量控制系统,首先要有成果评价标准作为基础,评价标准主要围绕以下 9 个方面展开。

1.表达问题精准，研究目标具体，逻辑框架明晰

首先，要抓住问题的本质矛盾，明确需求方的诉求，进一步确定研究主题，用精炼关键的语言加以表达和阐述。紧紧围绕研究假说来组织设计具体、细化的研究框架。研究内容要层次分明，研究方法应用恰当。然后结合研究主题进一步确立每一步调研的主题，明确每一步的具体目的，这样的研究才有针对性，才有可能是质量较高的研究。

2.评阅相关的研究资料，全面把握现状，剖析进展和不足

选题确定后，研究者需要在对选题所涉及的研究领域的文献进行广泛阅读和理解的基础上，对该研究领域的研究现状（包括主要学术观点、前人研究成果和研究水平、争论焦点、存在的问题及可能的原因等）、新水平、新动态、新技术和新发现、发展前景等内容进行综合分析、归纳整理和评论，并提出自己的见解和研究思路。在了解和把握研究背景的基础上，要全面查阅与调研主题相关的前人研究的成果和数据，对已有研究成果或研究报告进行系统分类，剖析已有研究的进展情况以及存在的不足或遗漏的领域，找到研究空白或者存在争议的研究问题，找到具有研究价值的切入点。

3.提高研究方法与研究问题的匹配度

深入分析研究主题，提炼主要矛盾，熟悉不同研究方法的使用条件和背景，规范地运用研究方法，总结研究成果的缺陷和不足，甚至大胆地开发新的研究工具。只有方法规范、科学，才能保证研究结论的权威性和科学性。研究方法是实现研究目的的工具和途径，如"桥"似"船"。只有依据课题研究目的、结合研究条件、追求方法互补，才能找到合适的研究方法。从研究目的看，观察法、调查法、测量法和文献法虽然都以"了解客观事实"为目的，但是又有所不同。观察法适用于自然状态下对现象真实情况的获取，不适用于对研究对象施加影响的研究；调查法适用于研究者从被调查者那里获取观点、态度和建议，不适用于对研究对象实际行为的了解；文献法适用于对已有事物记载的研究，不适用于现场操作的活动研究。研究者只有明白各种研究方法的特征和功用，才能从研究目的出发寻找到匹配的研究方法，才会达到"一把钥匙开一把锁"的效果。

4.理论应用适当，假设清楚可靠，理论建构充分

在假设构建或理论运用上，针对研究主题，要科学地应用已有的理论成

果来支撑现有研究问题,强化研究和分析的理论依据与理论支撑。针对研究问题,为了弥补现有理论依据的空白和不足,也可以提出合理、清楚和可靠的理论假设,即研究者根据经验、事实和科学理论对所研究的问题的规律或原因做出推测性论断和假定性解释,是在进行研究之前预先设想的、暂定的理论。主要分为描述性假设、解释性假设、预测性假设、内容性假设。研究假设是一个能够验证真假的陈述,一般用于比较规范的验证性的量化研究之中。通过这些假设来进一步推断和研究,从而建构或丰富相关问题研究的理论依据。

5.数据信息可获,建立计算模型,科学分析结果

在数据信息准备和分析计算上,研究引用的数据和信息应当可靠、权威,自主调研、生成的数据和信息应当真实、可信。只有研究和分析所需要的数据与信息的可靠性较高,才能保证研究方案和路线的推进实施,数据不实,再完美的研究成果也是空中楼阁。计算模型是刻画计算这一概念的一种抽象的形式系统或数学系统,是为了简化计算过程,将一些原本复杂非线性的过程进行公式化、模型化,以简化计算。有了恰当的计算模型,就会输出结果,但是也要经过客观、科学的分析之后才可以进一步应用或做出其他的推断。

6.研究成果要全面,思想观点有创新

政策研究工作不同于其他类型的研究工作,应围绕研究问题开展全面、综合的战略分析,而不是片面、零散和局部地观察和推测。研究和分析应当在一定程度上是创新性的,这种创新可以表现在研究方法的创新、研究结论的创新、观点的创新、研究切入点的创新等多方面。创新的活动或观点赋予了资源一种新的能力,使它能够创造出更多的社会价值。研究的结论必须是客观的、独立的见解,而不应该掺杂研究者的情绪或者是受到利益牵扯的、偏袒一方的、不客观的认识。

7.启示建议新颖,研究问题聚焦

在总结研究启示和对策建议提出上,应当新颖独特、实用有效。无论是启示还是对策建议都要有强有力的理论和现实数据的支撑,而不受某些权威力量的影响。启示和对策建议应当紧扣研究问题,目标具体明确,减少人云亦云式的官话套话和缺少创新的陈词滥调,避免偏题、跑题。

8.研究引人注目,政策问题关联,应用价值突出

研究结果应当具有一定的创新性,这个创新不单纯地要求"新",还要

能够吸引政府或公众的注意力，即引人注目，引导政府或公众去应用和评价。例如，近年来开展得如火如荼的区块链技术，其无论是在理论研究领域还是在实际应用领域都在很多行业掀起了轩然大波，应用价值极为突出，如何将区块链技术恰当地运用在"三农"问题的解决上必将是一个热点问题。区块链技术可以应用在农产品的溯源工作中，以保证食品的安全。农业溯源是食品追溯中最复杂和最艰难的部分，目前在国际上还没有基于食品安全生产和全程供应链管理两方面完整对接的农产品可追溯系统。同时，结合区块链的智能合约技术，可实现金融单位、新型农业主体、产品采购者等多方签订智能合约，例如：新型农业主体贷款采购生产工具，承诺农产品销售后偿还，如果把下游农产品采购商一起加入智能合约，则在农产品销售合同完成后，自动直接偿还贷款，可大大提高资金流转效率，也简化了贷款流程，让金融机构的风险更小，让更多资金能够流转到农业行业，从而提升农业行业的科学技术水平，也为大规模种植、专业化农业提供基础。

9. 研究报告结构合理，行文流畅规范，语言严谨达意

研究成果大多会以研究报告的形式展示出来，研究报告的整体结构要逻辑清晰、结构合理、论证有力、语言严谨、图文标注符合规范、言简意赅，保证政府官员或公众能正确理解和接受。

（三）"重人本、强激励"，提升智库人力资本的利用效率

智库专兼职的专家学者是智库发展的核心推动力，所以激励人才的关键是以人为本。在人员激励方面，国外智库有很多值得我国智库学习和借鉴的优秀制度与做法，例如：能进能出的用人机制、研究人员与辅助人员的人员数量配比机制、效率导向的会议机制、绩效与项目考核激励机制等，以完善新型智库人才队伍结构，优化人力资源配置。所以在我国的智库管理中要打破人才流动上的体制界限，真正实施双向流动的"旋转门"人才管理制度。

根据组织行为学理论可知：绩效 = 能力 × 动机。在成员能力不变的条件下，其绩效的大小取决于其受到的激励程度的大小。科研人员绩效的提高与其主观能动性的发挥有直接的关系。员工是否愿意不遗余力地去创新取决于两个方面：一方面是成员自身的能力能否达成目标，这是绩效实现的基础；另一方面是员工能否从组织内部感受到恰当的激励。有效的激励是与员工的

需求紧密结合的，只有满足员工需求或实现员工期望的激励措施才可以有效激发员工的主观能动性，员工才会心甘情愿地投入到复杂的研究工作中去，感到自身的价值，进而获得较大的内在动力，朝着预先设定的目标努力，在实现组织目标的同时实现个人价值。

总之，激励举措的设计和选择要从研究人员的需求角度出发，在实现智库目标的同时，满足员工的职业发展的需求，使智库发展和员工成长"一举两得"。

（四）重视与媒体合作，智库传播更有力

智库需要充分利用新媒体，发挥社交网络和"云"的影响，创立更加弹性、实时互动的存在形态，推进智库自身从形态到内容的革新。目前，大部分智库都设立了自己的网站，还有微博、微信、论坛等途径，目的是提高政策讨论的及时性与便捷性。公众也越来越习惯通过网络表达对公共问题的观点与主张，这一现实也要求"三农"智库机构必须重新审视自身的媒体传播方式是否适合广大受众，只有方法和渠道适宜，才能拥有被决策者采纳的高质量的研究成果。

新媒体技术是近几年兴起的、组织机构和社会公众喜闻乐见的一种信息传播的途径，为智库的宣传和成果发布提供了新的平台。同样，这一新的传播媒介的广泛应用也给智库发展提出新的挑战。

1.智库信息传播渠道更多元，受众范围更广泛

新媒体时代，智库宣传有了更多可选择的平台。常用的有微信、QQ、微博、博客、官方网站，智库结合自身的传播内容和传播对象选择合适的软件或平台。新媒体可以融合多种格式的传播内容，包括文本格式、图片格式、视频格式、音频格式，通过多种表现形式传播出去，受众的范围更广，更容易引起公众的关注，提高了传播的效率和影响力。例如，河北科技师范学院的乡村振兴研究中心积极主动推广新媒体的使用范围，利用抖音平台宣传研究成果和助农服务项目，不仅帮助农户开拓了特色农产品的销售新渠道，还大大提升了自身在社会的影响力。

2.智库信息传播速度加快，宣传成本降低

微信、QQ、微博、博客、App等新媒体平台在传播信息方面具有即时性、

传播广的特征，大幅度地提高了传播速度，节约了传播时间。绝大多数新媒体平台运营的成本低，吸引了大批用户和围观者，流量大，更加有利于智库成果的有效传播；有一些平台可以结合用户的喜好推送相关的内容，使得营销活动更加具有针对性。同时，新媒体技术的使用很大程度上节省了智库软件维护技术人员的投入，大幅度节约了软件平台的维护成本。但是，这并不意味着传统媒体就要被淘汰，在智库与决策部门沟通的过程中，传统媒体起着不容忽视的作用。

3. 智库服务对象的需求信息发生变化

政府和公众的需求是传播智库信息的根本动力，不同的智库用户需要的服务内容不同。传统媒体环境下，智库主要是服务于政府部门的决策制定，新媒体环境下出现了更多的公众需求，抓住公众的需求才能满足公众的要求，才能在社会中引起反响。这就需要智库管理者创新思路，全方位吸纳人才，例如个性化十足的博主、具有丰富经验的自主媒体人等，用最通俗易懂的语言和形式来宣传和解读政策及观点，对公众起到舆论导向的作用，进而产生化解社会矛盾的效果。新媒体平台具有不受时间、地点限制，传播速度快、成本低等优势，公众可随时与智库管理人员进行沟通和交流。智库信息也可以通过一些即时社交软件来实现，如微博、微信、智库官网等媒体途径，利用简洁明了的文字语言、图片、视频等，为智库需求者提供信息，为政策决策者提供决策支持，为政府宣传和普及政策。如今，人人都可以成为媒体，内容多种多样，新媒体产生新消费，所以在新媒体环境下智库将迎来大批社会公众或私人业主的服务需求，进而可以开拓更贴近民情的研究项目。

4. 新媒体促进了智库与智库用户间的交流

新媒体环境下智库与其服务对象之间的交流方式更加丰富，可以通过论坛留言、直播交流等方式不受时空限制地交流。而传统媒体信息传输是单向的，与新媒体途径相比沟通效率和效果较差。所以，智库应充分利用 App 或者社交软件建立覆盖全球的沟通网络，安排专人做好新媒体的运营，在选题、策划、更新、发布、推送、回复等流程严谨施策，促进智库观点或研究成果的传播，进一步加强智库之间信息的互通，形成有效的资源共享和协同效应，真正建成云端的智库。

（五）勤于著书立说，智库研究更丰富

智库的国际化离不开智库成果的国际化，智库研究的国际化不仅局限于智库成果的文字互译，还应当包括研究报告或研究成果在国际舞台上发布、在知名的国际论坛上发表演说，以及在全球顶尖智库团队项目中的参与等。著书立说是智库研究人员将自己的思想观点传播出去的主要形式，进而影响决策。我国"三农"领域的理论学说的研究起步较晚，需要一些高质量的学术成果来助力，从而逐渐丰富研究内容，完善研究体系，尤其是对于研究方法的归纳和总结，为后续研究的开展提供了宝贵的经验。同时，还可以将智库成果翻译成外文，在国外加大宣传力度，展示中国乡村振兴的理论成果，让世界了解中国乡村，让经验在更多的发展中国家发扬。

秦皇岛"三农"智库的研究也不应局限于技术方面的服务，更应该聚焦于重要方针、政策的制定和实施。秦皇岛"三农"智库处于起步阶段，更多地注重实践问题的解决，学术方面有很多研究成果，例如：河北科技师范学院张立彬教授出版的《桃新品种久红、久艳、久硕、久脆栽培技术规程》、项殿芳教授出版的《金田系列葡萄生产技术规程》、张京政教授出版的《"燕龙"板栗早期丰产栽培技术规程》等。未来研究方向会更加倾向于农业政策、农村社会治理、农民幸福感等方面的问题，另外农业综合生产能力、农产品质量安全、农村土地制度、农民市民化、新农村建设、农村生态建设和环境改善等关系全局的战略问题也是主要的研究方向和热点问题，具有很高的研究价值和实际应用价值。

第二节 提升"三农"智库的影响力的对策

影响力是政治学中的一个基本概念，影响力即通过具有说服力的语言和潜移默化的行为来达到影响他人思考、决策乃至行动的目的。智库影响力就是智库在其社会交往过程中影响和改变其他政府或公众判断、决策与行动的能力。学者朱旭峰将智库影响力解释为："智库通过可观测到的行为，直接或间接的途径，使政策过程或政策决策者的观点发生改变，从而做出智库希望

得到的政策决策目标。"

一、"三农"智库产生影响力的途径

"三农"智库展示其影响力的方面主要有：服务政府"三农"决策、服务"三农"行业发展、引导社会舆论、参与国际农业事务等方面。

（一）"三农"智库为政府"三农"公共政策决策提供智力支撑

智库影响决策的途径有很多种，其中主要有：一是聘请智库专家到相关政府部门任职，二是智库与政府建立制度化合作，三是通过研讨会、研究报告、承担委托课题等方式为政府决策建言献策。在农村方面，智库产生影响力的关键点在于关乎民生的重点问题的解决策略，例如：如何做好农村基层基础工作，如何构建现代乡村治理体制；在农业方面，政策焦点在于推进技术兴农、质量兴农、创新兴农和绿色兴农，构建现代化农业体系，有力推动我国向农业强国迈进；在农民方面，党和国家把政策的重点放在脱贫攻坚上。既要提供切实可行的增加农民收入的举措，又要关注农民精神生活、思想意识等领域的进步和改善。

（二）"三农"智库为农业及涉农企业发展提供咨询服务

全球化竞争日趋激烈，中国涉农企业要在这个更大的范围内不被击败，需要更加精准地预判经济社会发展的趋势，制定科学的、顺应时代变化的发展战略。当前，国内经济正处于结构调整升级的特殊时期，这个时期相较前一时期存在很大的不确定性，所以就需要"三农"智库专家协助政府解读和传达中央决策部署和主要政策的精神，找准发展的脉搏，为涉农企业提供具有前瞻性的发展指导和建议。

（三）"三农"智库为社会公众提供理性分析与引导

由于"三农"智库提供专业性、独立性和前瞻性的建议和观点，社会公众容易接受，彼此的信任程度会逐步提升，因此在公共政策出台前，能起到提前宣传和舆论引导的作用。随着人民民主化程度的提升、市场经济的深入发展，政府简单依靠强制权力和政治动员来推行公共政策的做法已难以奏效，因为公众的自主意识越来越强烈，他们不是被动地接受政策，而是理性地认识到政策的实施与自身利益之间的关系，因此必须建立政府与公众之间的互动机制。"三农"智库在政府和民众之间处于中间方，由它来建立并维护政策出台之前的互动平台较为合适。

二、秦皇岛"三农"智库提升影响力的主要对策

（一）创新智库管理体制

全新的时代背景，全新的发展机遇，要求"三农"类智库在管理体制上更加具有时代性和先进性，这样才能为各类智库创造自由、充分的发展环境。

1. 改革官方"三农"智库

我国官方智库是政府体制内的研究常设机构，依附性很强。所以当前最重要的改革方向就是让政府智库在一定程度上剥离政府，逐步实现其独立性，实现智库的企业化运营。隶属关系上，逐步降低智库对行政部门的依赖性。将业务由原来的解释和宣传部门政策转移到对国际性、前瞻性问题的研究上。获取资金的方式，逐步由政府购买公共服务的形式替代原来的财政拨款，这样有利于实现智库的独立性。

2. 发展民间"三农"智库

民间智库在我国新型智库体系中有着举足轻重的作用，应为民间智库的发展提供宽松的外部环境和完善的制度保障，促进民间智库与官方智库之间的平等竞争。第一，在民间智库身份确认上，政府应该允许民间智库以非政府组织的形式注册独立的法人，保证民间智库与官方智库有同等的待遇。第二，在资金来源方面，规范民间智库的受捐助制度和流程，同时，还可以通过智库发展基金增加民间智库资金来源渠道等。第三，从政府角度而言，应给予民间智库平等的机会来参与政府决策，使其为政府决策科学化、规范化和民主化贡献自身力量。

3. 建立"三农"智库协会

从目前我国大多数智库发展的现实情况来看，官方智库和民间智库的合

作与渗透仅仅处于理论阶段，彼此合作的意愿不强，共建的行为动机不明显。所以智库之间的协同效应不明显，仍处于各自为政状态，力量分散，存在很多的重复劳动和资源浪费，整合意识差，整合效果不明显。那么，为促进二者的有效合作，需要构建一个共享的平台。该平台主要起到打破二者组织界限和身份壁垒的作用，以"问题解决"为研究宗旨，以"服务决策"为基本原则和出发点，以研究项目为中心，对分散的研究资源和人员在平台范围内进行整合，对双方都不能有效解决的现实问题开展合作攻关研究。通过会议论坛筛选出需要攻关的现实问题，通过平台集结多方力量，开展研讨活动，组建主题研究协会，形成弹性化、专业化的线上线下研究团队。例如：建设"三农"智库协会，使其成为政府和智库间的沟通桥梁与互动联系的纽带，进而整合各类智库资源，凝聚多方智慧，使其成长为影响和参与政府决策的坚实基础。通过"智库研究协会"这一平台，把分散的资源集结起来，包括：管理体制的优势互补、研究资料的共享、研究人员的互通。坚持以解决问题、满足需求、完成项目为主要导向，主要以"三农"相关重大理论和惠及民生的现实问题为研究重点，全力追踪当下"三农"热点和难点问题，不断提升研究成果的质量和针对性，保证政府决策的有效性和及时性。"三农"智库研究协会一般以社团法人的形式登记注册，遵循"自主、民主"的原则，规范协会章程，多采用会员制，包括单位会员和个人会员。其中，单位会员包括官方智库和民间智库组织；个人会员包括官方智库和民间智库内部擅长某一领域的专家学者。"三农"智库研究协会这一平台组织相对来说是稳定的，但会员是动态的，可以由研究协会根据研究的需要聘请，也可以由新成员通过申请流程，获批后加入协会成为会员。

（二）创造良好社会与舆论环境

"三农"智库的发展离不开宽松、自由的外部环境。"三农"智库是政策建议的提供方，而政府以及公众都是政策建议的需求方。当前，经济发展处于新常态的全新阶段，很多问题和现象也是全新的，无前例可循，所以政府和公众对智库研究成果的需求很旺盛。要想发展智库，首先要营造有利的社会环境，包括文化氛围、科技意识和友善的舆论氛围，如此才能促进"三农"智库给出的政策建议水平更高、价值更高。政府牵头去除各种对智库的发展限制，包括有形的限制和无形的限制，只要在遵纪守法的范围内，"三农"智库可以各种方式开展学术研究、可与任何人进行学术交流、可在各类合法媒体渠道上发表意见建议。切勿将智库观点上纲上线，避免将智库批评政治化。媒体是社会环境中重要的宣传途径，它是政府与智库间的重要媒介，媒体在报道民间智库的研究成果时，应保持中肯的立场，全面、客观地反映智库专家的评论和观点。

智库是否具有完善的管理制度，是其能否长期独立发展的重要保障，所以，必须完善科学的管理制度体系。建立健全制度化、日常化的咨询制度，即政府结合自己的需求，向智库提出咨询需求，可以是由突发事件引发的应急性咨询，也可以是针对日常事务决策的常规性咨询。另外，在政府决策前、决策过程中以及决策结果呈现之后都应引入智库咨询，政府通过政府采购的方式购买咨询服务，不断开拓智库参与政府决策的新途径，这样可以提高政府决策的精准化、民主化、科学化程度。此外，推动智库市场的有序健康竞争，促进智库市场发展的优胜劣汰，通过智库的市场化，智库资源可以在更大的范围内得到更加有效的配置。所以智库管理者要在尊重市场供求的基础上，在需求侧和供给侧同时发力，促进中国特色"三农"智库发展的内生原动力。

（三）充分利用云智库的信息协同优势，实现资源的跨时空整合

现实中的"三农"信息资源是零散分布、不成体系的，不方便政策决策者查阅和参照，也不方便农户随时查询，所以通过网络资源的整合形成线上的智库，即云智库，可以更加方便地分享和获取智库成果，使智库服务更加便捷、高效。2021年，南京大学联合腾讯公司围绕云计算、大数据、人工智能、智慧农业等重点领域，打造新一代信息产业技术及行业解决方案，建设新型高端农业"云智库"，打造满足农户、政府、市场等需求的应用和产品。2016年，华中科技大学的国家治理研究院与长江云联手吸纳政治、经济、文化、社会各界精英，共建长江"云智库"，通过定期发布研究报告、上线智库研究成果，形成线上线下的联动，为湖北省委、省政府提供决策支持，为社会公众提供政策宣传和解读。

"三农"类智库涉及的研究内容、咨询信息、服务对象很广泛，云智库模式可以有效提升智库的服务质量和服务范围，加快信息处理的速度和准确度。云智库是实现智库组织网络化的途径之一，它采用云计算模式，利用互联网将专家学者、智库服务人员、数据信息资料、网络软件和硬件设备等资源通过网络汇集起来，构成一个能够提供多层次和高水平智库服务的综合服务平台。实现智库服务线下、线上无缝对接，既可通过网络完成智库服务全过程，也可对线下智库服务活动提供全程支持。借助于接入互联网的各类终端，智库服务参与各方可以便捷地从云智库中获得智库服务。在传统智库服务模式下，智库管理人员需要投入很大的精力在一些常规的事务性工作上，例如：走访政府部门、参与招投标、财务报销等工作，真正用到创新性研究方面的精力就少了。在互联网智库平台，专门负责网络技术的公司或部门就可以很轻松地参与到这些常规事务中来。它们可以帮助政府部门发布决策咨询的需求信息，可以帮助智库完成招投标管理工作。另外各领域的学者都可以通过选聘或竞聘的方式进驻智库平台，当有人发起研究项目，需要招募专家，平台会自动将招募信息推送给相关的专家，方便跨地域、跨国界组建各类多功能的研究团队。

互联网智库能够在更大的范围内调配资源。一是智库专家的集结。通过建立智库专家数据库，在更大的范围内统筹人力资源，不受地域的限制，不受年龄的限制，不受国别的限制，不受体制的限制，集结到的专家是多层次的。可以根据需要，构建不同领域的网络智库组织。通过建立专业数据库，建立专家虚拟实验室、在线技术指导平台等形式，更快捷地提供知识产品。二是数据资源的汇集。通过平台的网络数据中心将碎片化的数据资料进行分类汇总上传，建设专属信息化数据库。构建数据分析公共平台，不同部门、不同机构的学者都可以共享，利用大数据分析，为专家学者提供全新的解决问题的视角。

（四）提高农业智库基础设施建设水平

必要的数据和信息的获得是农业智库开展研究的基础，这些信息大部分来自政府公布的有关决策战略信息，所以各级政府、各类部门能否做到最大限度的信息公开是至关重要的。同时，农业智库要全力推动自身信息库的建设，智库之间共享信息平台数据，形成协同效应，打造"智库联盟"。所以，国家层面要加大信息基础设施建设的投资力度，形成从上到下的合力，只有信息的流通上了快车道，智库的研究才有更翔实的理论支撑和精准的推断预测。2015 年 8 月 31 日，国务院发布《促进大数据发展行动纲要》（国发〔2015〕50 号），明确提出对政府部门之间数据共享与信息公开的要求，这对推进"三农"智库的基础设施建设具有里程碑式的指导意义。

建设虚拟实践基地，加强与实际部门的联系。高质量的决策咨询研究需要专家学者对现实情况非常熟悉和了解，并且能动态跟踪问题的最新发展状况和发展趋势。这就需要地方社科院与政府部门在平时加强交流，做好数据资料储备，在决策咨询服务需要数据资料时能够及时获得。虚拟实践基地将成为沟通地方社科院与政府部门的桥梁。虚拟实践基地是在云智库平台上建立的、专门用于地方社科院与区域内政府部门进行决策咨询服务和工作交流的虚拟空间。通过虚拟实践基地，政府部门平时就可以把本部门的最新发展情况、工作总结、数据报表上传云智库，保存到云智库大数据中心作为数据储备，以备未来决策咨询研究之用。政府部门还可以在虚拟实践基地上随时提出决策咨询请求，云智库组织专家进行解答。

建设数据中心，推进数据共享和创新研究技术。打造综合型数据共享平台，为专家学者开展决策咨询服务提供高质量的数据分析服务。数据中心首先要完成地方社科院内部数据的整合工作，把散落在机构内部各个部门的数据资料进行集中整理，纸质数据资料要进行数字化，建设信息化、网络化的数据共享平台。其次，数据中心要建立地方社科院与外部机构的数据接口，一方面，让政府部门的信息和数据能够及时进入数据中心，扩大数据储备；另一方面，数据中心也能成为更高层级的数据供需平台的组成部分，实现数据对外共享。最后，数据中心还将提供智库服务过程中需要的数据分析工作。利用以大数据分析为代表的新一代数据分析技术，数据中心将帮助专家学者实现对海量数据的收集和分析，发现新因素，找到新机制，提供问题研究的新视角、新思路，为地方政府更好地解决地区发展中的问题提供高质量决策咨询服务。

（五）完善科研项目管理的规定和项目评价标准

与美国成熟智库相比，中国智库目前在咨询项目管理方面的相关政策还需进一步细化,相关的保障性法规以及指导性政策还不够完备。同时,我国的专家咨询制度对于参与专家的准入门槛或要求,不同的行业有不同的要求,对专家咨询结果也未形成统一、有效的评估标准。所以建立和完善有关农业智库相关的立法工作,是专家咨询制度顺利实施的保障。有了完善的法律法规,智库运行和管理才能降低风险,毫无后顾之忧地开展全局性、综合性的政策研究。

(六)逐步推进"三农"智库文化建设

智库实体发展逐步成规模后,智库的文化建设就必须提到日程上来。智库文化指的是与智库建设相关的价值观、理念、使命、行为方式、制度建设等方面的总和。学者的研究内容、研究方向以及利益分享机制在很大程度上受到智库文化的影响,当一种文化深入人心,人就会与组织高度融合,员工的忠诚度就会提高。智库可以通过媒体的宣传树立良好的社会形象,提高知名度,对内通过典型人物、模范事迹来倡导文化理念,通过绩效的评估和薪酬福利制度的建设强化某种行为方式,对外通过良好的社会声誉、优秀的智库产品来提高社会影响力。

对中国智库文化建设的学术探讨,分为智库外部文化建设和内部文化建设两方面。目前,智库外部文化建设问题都一致指向了政府要为智库建设创造良好的人文环境问题上;而内部文化建设问题,热点也大都集中在智库的内部管理制度、智库之间的交流、智库成果转化问题上,而对智库本身的研究方向谈得较少。种种迹象显示,在追逐智库的热潮中,业内似乎有一种一边倒的认识倾向,推崇"高大上"的智库研究,凡是涉及国际外交、宏观经济、国家战略的研究都是"高大上"的,凡是涉及微观经济、民生问题、社会制度改革的研究都是"低端、小气、下层"的。所以目前中国智库研究内容出现了一种不平衡的学术生态特点:研究宏观的多,研究微观的少;研究前瞻的多,研究现实的少;研究发展规划的多,研究体制改革的少;研究工商经济的多,研究民生经济的少;研究国际外交的多,研究社会治理的少;研究可行性论证的多,研究不可行性论证的少。

（七）建立人才信息库和人才储备池

国内大型官方农业智库基本上实现了人力资源管理的信息化管理。目前，秦皇岛智库在人才管理的信息化平台建设和使用方面还需进一步完善，如很多智库虽然设有自己的官方网站，但是内部学者、专家的信息存在信息少、更新慢、宣传面小等方面的问题。智库之间没有共享的数据平台，单个网站上的信息资料陈旧，智库论坛的参与度不高。同时，人才储备池在大多数智库是缺失的。因此，应完善智库的机构及专家学者信息，形成独具特色的研究优势，及时更新专家研究动态，适度公开研究成果及联系邮箱等信息，目的是方便服务对象与专家学者就某一课题进行随时的交流互动，这样可以使学者的研究紧扣服务对象的需求，可以更有针对性地开展实用研究，推出更具市场价值的知识产品。此外，可以尝试在具备条件的高校智库内部建设各类专业研究人才储备池，通过提前规划、培育、储备潜在的专业类人才，才可以满足未来智库对人才的需求。当有新研究项目要落实的时候，储备人才稍作培训后就可以上手参与研究工作，既节约了招聘成本，又提高了人力资源的利用效率。

建设专家管理库，为智库服务提供人才保障。通过网络，汇集各个领域的专家学者，打造多层次、多年龄结构、跨区域、跨国度的智库专家团队。借助网络化的专家管理模式，地方社科院将克服体制限制带来的人才储备不足问题，根据需要随时组建经济、政治、文化、社会、生态等领域的专业研究队伍，凝聚集体智慧为地方政府提供发展规划、政策设计、政策评价、政策解读等方面的高水平决策咨询服务。为加强与专家的联系和交流，专家管理库将为每个专家学者建立虚拟工作室。通过虚拟工作室，专家可以便捷地参与决策咨询课题申报、课题评审、智库团队组建、学术交流以及科研成果展示等。为保障决策咨询服务质量，专家管理库建立基于大数据的专家评价体系，从科研能力、学术道德、决策咨询服务质量、团队组织能力、同行评价和社会评价等方面对每位专家的智库服务综合能力进行评价，评价结果将作为专家能否承担决策咨询任务的重要参考指标。

参 考 文 献

[1] 赖先进 . 国际智库发展模式 [M]. 北京：中共中央党校出版社，2017.

[2] 李建军，崔树义 . 世界各国智库研究 [M]. 北京：人民出版社，2010.

[3] 周琪 . 美国智库的组织结构及运作：以布鲁金斯学会为例 [J]. 理论学习 -
山东干部函授大学学报，2015（6）：47-49.

[4] 褚鸣 . 美欧智库比较研究 [M]. 北京：中国社会科学出版社，2013.

[5] 安德鲁·里奇 . 智库、公共政策和专家治策的政治学 [M]. 潘羽辉，等
译 . 上海：上海社会科学院出版社，2010.

[6] 向松祚 .《全球智库峰会》特别报道：智库改变世界 [J]. 环球财经，2009
（7）：37-41.

[7] 薛澜，朱旭峰 ."中国思想库"：涵义、分类与研究展望 [J]. 科学学研究，
2006（3）：321-327.

[8] 王健 . 论中国智库发展的现状、问题及改革重点 [J]. 新疆师范大学学报
（哲学社会科学版），2015，36（4）：29-34.

[9] 莉丽 . 美国智库的"旋转门"机制 [J]. 国际问题研究，2010（2）：13-18.

[10] 李轶海 . 国际著名智库研究 [M]. 上海：上海社会科学出版社，2010.

[11] 周湘智 . 智库管理文化建设的维度及其提升 [J]. 重庆社会科学，2012
（12）：94-99.

[12] 陈丽娜 . 农业部组建高端智库：专家咨询委员会 [J]. 农村工作通讯，2016
（1）：54-55.

[13] 陈永杰，张永军，姜春力，等 . 八大措施促新型智库体系建设 [N]. 经济
参考报，2015-01-23.

[14] 杜贵宝 . 国家级智库的特质与转型期中国智库的建设路径 [J]. 扬州大学学

报（人文社会科学版），2015（3）：55-58.

[15] 邓大才 . 顶天立地引跑中国农村发展高端智库 [J]. 中国高等教育，2016（8）：11-12.

[16] 丁元竹 . 建设智库要发挥媒体影响力 [J]. 前线，2016（9）：12-13.

[17] 李安芳，王晓娟，张屹峰，等 . 中国智库竞争力建设方略 [M]. 上海：上海社会科学院出版社，2010.

[18] 梁丽，张学福 . 美国农业智库组织结构、运作机制及启示 [J]. 中国农村经济，2016（6）：81-92.

[19] 梁丽，李晓曼，梁晓贺，等 . 中国国家级农业智库能力体系构成及其制度保障 [J]. 农业展望，2017（9）：80-86.

[20] 梁丽，张学福 . 智库研究及其发展趋势可视化分析 [J]. 沈阳农业大学学报，2015（9）：385-390.

[21] 王莉丽 . 提升中国智库核心竞争力 [N]. 学习时报，2014-11-10.

[22] 朱旭峰 . 中国思想库：政策过程中的影响力研究 [M]. 北京：清华大学出版社，2009.

[23] 吴宗哲 . 中国特色新型智库建设问题研究 [D]. 大连：大连理工大学，2015.

[24] 魏礼群 . 如何建设好中国特色新型智库 [J]. 前线，2016（9）：85.

[25] 杜瑾 . 新中国三农出路的探寻历程与当代困境的破解研究 [D]. 北京：中共中央党校研究生院，2012.

[26] 郑琦 . 中国民间智库发展研究 [M]. 北京：中共中央党校出版社，2017.

[27] 梁丽 . 中国国家级农业智库建设研究 [D]. 北京：中国农业科学院农业信息研究所，2017.

[28] 许宝健 . 即将关门的农业智库 [N]. 中国经济时报，2014-10-15.

[29] 王将君 . 苏州信息化与现代农业发展研究：基于农业智库资源的整合与共享视角 [J] 农村经济与科技，2014（10）：13-17.

[30] 王辉耀 . 如何打造中国特色智库人才"旋转门" [N]. 光明日报，2016-10-19.

[31] 张家年 . 情报视角下我国智库能力体系建设的研究 [J]. 情报资料工作，2016，37（1）：92-98.

[32] 周德禄. 欧美高端智库建设经验 [N]. 中国社会科学报, 2017-10-19.

[33] 上海社会科学院. 2019 年中国智库报告 [R]. 2020: 1.

[34] 王绍光, 樊鹏. 中国式共识性决策: "开门"与"磨合" [M]. 北京: 中国人民大学出版社, 2013.

[35] 李安方, 等. 中国智库竞争力建设方略 [M]. 上海: 上海社会科学院出版社, 2010.

[36] 杨伟廉. 经济新常态背景下的"三农"问题研究 [J]. 海峡科技与产业, 2019 (2): 36-38.

[37] 陈海燕, 朱丹. 皖北地区"三农"问题智库建设探讨 [J]. 安徽科技学院学报, 2014, 28 (2): 81-87.

[38] 李勤. 城乡统筹发展评价体系: 研究综述和构想 [J]. 中国农村观察, 2009 (5): 2-10.

[39] 李金锴, 陈珏颖, 冯祎宇, 等. 中国特色农业智库建设要求、存在问题及政策建议 [J]. 世界农业, 2019 (10): 13-17, 39.

[40] 胡洁. 大数据背景下涉农网络舆情治理研究 [D]. 徐州: 江苏师范大学, 2018.

[41] 王玉峰, 蒋远胜. 我国新农村建设投融资系统协同发展研究 [J]. 农业技术经济, 2013 (5): 69-77.

[42] 陈祖英. 我国新农村建设中投融资模式探究 [J]. 农业经济问题, 2010 (6): 40-44.

[43] 韩长赋. 加快推进农业现代化, 努力实现"三化"同步发展 [J]. 求是, 2011 (19): 39-42.

[44] 丁明磊, 陈宝明. 建设中国特色科技创新智库体系的思路与建议 [J]. 科技管理研究, 2016 (5): 10-13.

[45] 李南凯. 探索中国特色新型科技创新智库建设的思考 [J]. 安徽科技, 2015 (3): 19-20.

[46] 江俐. 秦皇岛农村金融支持农村经济发展问题研究 [D]. 秦皇岛: 河北科技师范学院, 2019.

[47] 庞龙龙. 秦皇岛乡村旅游发展中政府职能发挥问题研究 [D]. 秦皇岛: 燕山大学, 2017.

[48] 王立栋. 秦皇岛农村环境污染防治与可持续发展建设的关系研究 [D]. 咸阳：西北农林科技大学，2014.

[49] 赵娟. 涉农高校图书馆助力乡村文化振兴精准服务路径研究 [J]. 文化产业，2020（1）：115-117.

[50] 2021 年秦皇岛市政府工作报告 [EB/OL].（2021-02-08）[2022-10-18]. http://mail.qhd.gov.cn/front_pcthi.do?uuid=7FB43406D4C321D394A86B8614E60278.

[51] 王敏. 中国公共政策制定中的智库建设研究 [D]. 大连：东北财经大学，2017.

[52] 李中梅. 新媒体环境下信息传播机理及效果评价研究 [D]. 长春：吉林大学，2018.

[53] 虞爽. 关于我国智库专业化管理的战略思考 [J]. 世界经济与政治论坛，2016（3）：159-172.

[54] 周湘智. 智库管理文化建设的维度及其提升 [J]. 重庆社会科学，2012（12）：49.

[55] 武慧娟，秦雯，孙鸿飞. 激励视角下高校智库协同决策机制研究 [J]. 现代情报，2017（3）：8-12.

[56] 杨静，陈赟畅. 协同创新理念下高校新型智库建设研究 [J]. 科技进步与对策，2015（7）：7-11.

[57] 顾海良. 新型智库建设与思想力量彰显 [J]. 人民论坛，2014（9）：38-41.

[58] 王莉，吴文清. 地方高校智库建设的逻辑分析：基于地方政府治理模式创新的探讨 [J]. 清华大学教育研究，2013（6）：109-114.

[59] 任恒. 构建我国新型智库"旋转门"机制：内涵、现状及思路 [J]. 北京工业大学学报（社会科学版），2021（1）：75-84.

[60] 姬超. 经济转型发展背景下的特色新型智库建设：基于河南省"三农"智库的实践探索 [J]. 智库理论与实践，2016，1（3）：53-58.

[61] 刘德海. 中国特色新型智库协调发展研究：兼论江苏新型智库体系建构 [J]. 南京社会科学，2014（12）：1-7，14.

[62] 金家厚. 政府智库与民间智库的合作与交流 [J]. 重庆社会科学，2012（7）：92-97.

[63] 沈进建. 美国智库的形成、运作和影响 [J]. 中国社会科学评价, 2016（2）: 13-37.

[64] 曹华甫. 中国民间智库参与政府公共政策制定问题研究 [D]. 重庆: 重庆大学, 2016.

[65] 李艳萍. 民间智库的自我发展道路探析 [J]. 青海师范大学学报, 2011（6）: 31-34.

[66] 王佩亨, 李国强, 等. 海外智库: 世界主要国家智库考察报告 [M]. 北京: 中国财政经济出版社, 2014.

[67] 布鲁金斯学会年报: http: //www.brookings.edu//media/About/Content/annualreport/2015annualreport.pdf.

[68] 梁晴, 王璐. 中国民间思想库发展中存在的问题及其对策 [J]. 经营管理者, 2012（14）: 1-2.

[69] 严培培. 当代中国思想库的角色特征及其独立性缺失分析论 [J]. 行政论坛, 2012（4）: 93-96.

[70] 王颖, 张新霞. 河北省思想库的现状及其发展对策 [J]. 沧州师范专科学校学报, 2011, 27（3）: 5-8.

[71] 陈晓晖, 刘洋. 美国智库的人才管理经验及其启示 [J]. 中国人事科学, 2019（3）: 77-83.

[72] 王鲁宁. 考察美国智库带来的思考 [N]. 新华日报, 2016-02-26.

[73] 李婧. 美国智库决策研究的运行机制: 以布鲁金斯学会为例的个案研究 [J]. 社会科学管理与评论, 2013（3）: 103-110.

[74] 邵洪波, 王诗. 中国智库的商业模式及发展方向 [J]. 现代国企研究, 2014（5）: 42-49.

[75] 刘同君, 王蕾. 论新乡贤在新时代乡村治理中的角色功能 [J]. 学习与探索, 2019（11）: 47-52.

[76] 刘玉堂, 李少多. 论新乡贤在农村公共文化服务体系建设中的功能: 基于农村公共文化服务供需现状 [J]. 理论月刊, 2019（4）: 125-131.

[77] 袁晓庆. "互联网 +"农业: 助推农业走进 4.0 时代 [J]. 互联网经济, 2015（9）: 67-73.

[78] 李凌. 理解中国特色新型智库发展的 3 个维度 [J]. 智库理论与实践, 2019

（2）：15-24.

[79] 薛澜，朱旭峰 . 中国思想库的社会职能：以政策过程为中心的改革之路 [J]. 管理世界，2009（4）：55-65，82.

[80] 杨亚琴，李凌 . 英国著名智库运行特点及对中国智库发展的启示 [J]. 当代世界，2017（9）：46-49.

[81] 习近平 . 在庆祝全国人民代表大会成立 60 周年大会上的讲话 [N]. 人民日报，2014-09-06（02）.

[82] 李凌 . 从古代"智囊"看以智辅政 [N]. 解放日报，2016-03-01（9）.

[83] 刘倩 . 新疆新型智库建设研究 [D]. 乌鲁木齐：新疆大学，2018.

[84] 胡鞍钢 . 建设中国特色新型智库：实践与总结 [J]. 上海行政学院学报，2014，15（2）：4-11.

[85] 胡锐军，宝成关 . 创建中国特色新型智库：完善智库建设七项机制 [J]. 人民论坛，2013（35）：24-27.

[86] 任平 . 发展中国特色新型智库体系，建设世界一流智库强国 [J]. 南京社会科学，2015（11）：1-7.

[87] 李艳杰 . 谈智库种类的划分 [J]. 教育教学论坛，2016（9）：45-46.

[88] 熊立勇 . 国际比较视域下中国特色新型智库建设问题研究 [D]. 北京：中国科学技术大学，2017.

[89] 刘潇潇 . 德国智库的运营机制及启示 [J]. 中国社会科学评价，2017（2）：111-124.

[90] 段爱龙 . 美国智库产生的时代背景及传播路径研究 [J]. 现代交际：学术版，2017（6）：183-184.

[91] 黄可，梁慧刚，姜山，等 . 国外思想库的发展特点与趋势 [J]. 现代情报，2009，29（2）：34-36.

[92] 周仲高 . 智库的科学分类与准确定位 [J]. 重庆社会科学，2013（3）：116-120.

[93] 朱旭峰 ."思想库"研究：西方研究综述 [J]. 国外社会科学，2007（1）：60-69.

[94] 李艳萍 . 民间智库的自我发展道路探析 [J]. 青海师范大学学报，2011（6）：31-34.

[95] 吴军飞 . 民间智库在公共政策制定中的功能及实现障碍 [J]. 华北电力大学学报，2011（6）：31-34.

[96] 郭瑞 . 中国高校智库评价研究 [D]. 武汉：华中师范大学，2020.

[97] 申静，蔡文君，毕煜 . 智库研究的现状、热点与前沿 [J]. 情报理论与实践，2020（8）：33-41.

[98] 潘教峰 . 智库研究的双螺旋结构 [J]. 中国科学院院刊，2020（7）：907-916.

[99] 杨胜兰 . 印度智库建设的成就、困境及其启示 [J]. 智库理论与实践，2020（12）：78-87.

[100] 李瑞，李北伟，朱婧祎，等 . 地方智库服务能力转型变革及保障机制研究 [J]. 情报科学，2020（2）：163-169.

[101] 郑金连，王虹锦 . 中国民间智库的研究产出：特征及意义 [J]. 科学学究，2020（12）：2113-2123.

[102] 庄雪娇 . 论中国智库的国际传播新媒体矩阵：现状与未来 [J]. 智库理论与实践，2021（4）：24-32.

[103] 刘玉娟 . 习近平新时代"三农"思想研究 [D]. 重庆：重庆理工大学，2019.

[104] 杨伟康 . 经济新常态背景下的"三农"问题研究 [J]. 海峡科技与产业，2019（2）：36-38.

[105] 郭一臻 . 供给侧改革背景下探讨乡村振兴之三大产业融合发展体系 [J]. 经济研究导刊，2018，372（22）：41-42，61.

[106] 杨思洛，冯雅，韩雪 . 中美顶尖智库比较分析及其启示 [J]. 智库理论与实践，2016（6）：15-24.

[107] 洪伟，邓心安 . 中国民间思想库：作用与对策 [J]. 科学与管理，2008（1）：28-30.

[108] 王海峰 . 大数据智库：中国特色新型智库建设途径研究 [D]. 上海：华东政法大学，2016.

[109] 程宏，刘志光 . 智库、智库学与智库文化 [J]. 智库理论与实践，2016，1（3）：1-5.

[110] 李迅 . 我国社会智库资金筹集：渠道、影响因素和机制构建 [J]. 智库理论与实践，2018，3（2）：1-8.

附　　录

附录一　关于加强中国特色新型智库建设的意见

（2015 年 1 月 21 日）

为深入贯彻落实党的十八大和十八届三中、四中全会精神，加强中国特色新型智库建设，建立健全决策咨询制度，现提出如下意见。

一、重大意义

（一）中国特色新型智库是党和政府科学民主依法决策的重要支撑。决策咨询制度是我国社会主义民主政治建设的重要内容。我们党历来高度重视决策咨询工作。改革开放以来，我国智库建设事业快速发展，为党和政府决策提供了有力的智力支持。当前，全面建成小康社会进入决定性阶段，破解改革发展稳定难题和应对全球性问题的复杂性艰巨性前所未有，迫切需要健全中国特色决策支撑体系，大力加强智库建设，以科学咨询支撑科学决策，以科学决策引领科学发展。

（二）中国特色新型智库是国家治理体系和治理能力现代化的重要内容。纵观当今世界各国现代化发展历程，智库在国家治理中发挥着越来越重要的作用,日益成为国家治理体系中不可或缺的组成部分,是国家治理能力的重要体现。全面深化改革,完善和发展中国特色社会主义制度,推进国家治理体系和治理能力现代化,推动协商民主广泛多层制度化发展,建立更加成熟更加定型的制度体系,必须切实加强中国特色新型智库建设,充分发挥智库在治国理政中的重要作用。

(三)中国特色新型智库是国家软实力的重要组成部分。一个大国的发展进程,既是经济等硬实力提高的进程,也是思想文化等软实力提高的进程。智库是国家软实力的重要载体,越来越成为国际竞争力的重要因素,在对外交往中发挥着不可替代的作用。树立社会主义中国的良好形象,推动中华文化和当代中国价值观念走向世界,在国际舞台上发出中国声音,迫切需要发挥中国特色新型智库在公共外交和文化互鉴中的重要作用,不断增强我国的国际影响力和国际话语权。

智力资源是一个国家、一个民族最宝贵的资源。近年来,我国智库发展很快,在出思想、出成果、出人才方面取得很大成绩,为推动改革开放和社会主义现代化建设作出了重要贡献。同时,随着形势发展,智库建设跟不上、不适应的问题也越来越突出,主要表现在:智库的重要地位没有受到普遍重视,具有较大影响力和国际知名度的高质量智库缺乏,提供的高质量研究成果不够多,参与决策咨询缺乏制度性安排,智库建设缺乏整体规划,资源配置不够科学,组织形式和管理方式亟待创新,领军人物和杰出人才缺乏。解决这些问题,必须从党和国家事业发展全局的战略高度,把中国特色新型智库建设作为一项重大而紧迫的任务,采取有力措施,切实抓紧抓好。

二、指导思想、基本原则和总体目标

(四)指导思想。深入贯彻党的十八大和十八届三中、四中全会精神,高举中国特色社会主义伟大旗帜,坚持以马克思列宁主义、毛泽东思想、邓小平理论、"三个代表"重要思想、科学发展观为指导,深入贯彻习近平总书记系列重要讲话精神,以服务党和政府决策为宗旨,以政策研究咨询为主攻方向,以完善组织形式和管理方式为重点,以改革创新为动力,努力建设面向现代化、面向世界、面向未来的中国特色新型智库体系,更好地服务党和国家工作大局，为实现中华民族伟大复兴的中国梦提供智力支撑。

（五）基本原则

——坚持党的领导，把握正确导向。坚持党管智库，坚持中国特色社会主义方向，遵守国家宪法法律法规，始终以维护国家利益和人民利益为根本出发点，立足我国国情，充分体现中国特色、中国风格、中国气派。

——坚持围绕大局，服务中心工作。紧紧围绕党和政府决策急需的重大课题，围绕全面建成小康社会、全面深化改革、全面推进依法治国的重大任务，开展前瞻性、针对性、储备性政策研究，提出专业化、建设性、切实管用的政策建议，着力提高综合研判和战略谋划能力。

——坚持科学精神，鼓励大胆探索。坚持求真务实，理论联系实际，强化问题意识，积极建言献策，提倡不同学术观点、不同政策建议的切磋争鸣、平等讨论，创造有利于智库发挥作用、积极健康向上的良好环境。

——坚持改革创新，规范有序发展。按照公益服务导向和非营利机构属性的要求，积极推进不同类型、不同性质智库分类改革，科学界定各类智库的功能定位。加强顶层设计、统筹协调和分类指导，突出优势和特色，调整优化智库布局，促进各类智库有序发展。

（六）总体目标。到2020年，统筹推进党政部门、社科院、党校行政学院、高校、军队、科研院所和企业、社会智库协调发展，形成定位明晰、特色鲜明、规模适度、布局合理的中国特色新型智库体系，重点建设一批具有较大影响力和国际知名度的高端智库，造就一支坚持正确政治方向、德才兼备、富于创新精神的公共政策研究和决策咨询队伍，建立一套治理完善、充满活力、监管有力的智库管理体制和运行机制，充分发挥中国特色新型智库咨政建言、理论创新、舆论引导、社会服务、公共外交等重要功能。

中国特色新型智库是以战略问题和公共政策为主要研究对象、以服务党和政府科学民主依法决策为宗旨的非营利性研究咨询机构，应当具备以下基本标准：（1）遵守国家法律法规、相对稳定、运作规范的实体性研究机构；（2）特色鲜明、长期关注的决策咨询研究领域及其研究成果；（3）具有一定影响的专业代表性人物和专职研究人员；（4）有保障、可持续的资金来源；（5）多层次的学术交流平台和成果转化渠道；（6）功能完备的信息采集分析系统；（7）健全的治理结构及组织章程；（8）开展国际合作交流的良好条件等。

三、构建中国特色新型智库发展新格局

（七）促进社科院和党校行政学院智库创新发展。社科院和党校行政学院要深化科研体制改革，调整优化学科布局，加强资源统筹整合，重点围绕提高国家治理能力和经济社会发展中的重大现实问题开展国情调研和决策咨询研究。发挥中国社会科学院作为国家级综合性高端智库的优势，使其成为具有国际影响力的世界知名智库。支持中央党校、国家行政学院把建设中国特色新型智库纳入事业发展总体规划，推动教学培训、科学研究与决策咨询相互促进、协同发展，在决策咨询方面发挥更大作用。地方社科院、党校行政学院要着力为地方党委和政府决策服务，有条件的要为中央有关部门提供决策咨询服务。

（八）推动高校智库发展完善。发挥高校学科齐全、人才密集和对外交流广泛的优势，深入实施中国特色新型高校智库建设推进计划，推动高校智力服务能力整体提升。深化高校智库管理体制改革，创新组织形式，整合优质资源，着力打造一批党和政府信得过、用得上的新型智库，建设一批社会科学专题数据库和实验室、软科学研究基地。实施高校哲学社会科学走出去计划，重点建设一批全球和区域问题研究基地、海外中国学术研究中心。

（九）建设高水平科技创新智库和企业智库。科研院所要围绕建设创新型国家和实施创新驱动发展战略，研究国内外科技发展趋势，提出咨询建议，开展科学评估，进行预测预判，促进科技创新与经济社会发展深度融合。发挥中国科学院、中国工程院、中国科协等在推动科技创新方面的优势，在国家科技战略、规划、布局、政策等方面发挥支撑作用，使其成为创新引领、国家倚重、社会信任、国际知名的高端科技智库。支持国有及国有控股企业兴办产学研用紧密结合的新型智库，重点面向行业产业，围绕国有企业改革、产业结构调整、产业发展规划、产业技术方向、产业政策制定、重大工程项目等开展决策咨询研究。

（十）规范和引导社会智库健康发展。社会智库是中国特色新型智库的组成部分。坚持把社会责任放在首位，由民政部会同有关部门研究制定规范和引导社会力量兴办智库的若干意见，确保社会智库遵守国家宪法法律法规，沿着正确方向健康发展。进一步规范咨询服务市场，完善社会智库产品供给

机制。探索社会智库参与决策咨询服务的有效途径，营造有利于社会智库发展的良好环境。

（十一）实施国家高端智库建设规划。加强智库建设整体规划和科学布局，统筹整合现有智库优质资源，重点建设50至100个国家亟需、特色鲜明、制度创新、引领发展的专业化高端智库。支持中央党校、中国科学院、中国社会科学院、中国工程院、国务院发展研究中心、国家行政学院、中国科协、中央重点新闻媒体、部分高校和科研院所、军队系统重点教学科研单位及有条件的地方先行开展高端智库建设试点。

（十二）增强中央和国家机关所属政策研究机构决策服务能力。中央和国家机关所属政策研究机构要围绕中心任务和重点工作，定期发布决策需求信息，通过项目招标、政府采购、直接委托、课题合作等方式，引导相关智库开展政策研究、决策评估、政策解读等工作。中央政研室、中央财办、中央外办、国务院研究室、国务院发展研究中心等机构要加强与智库的沟通联系，高度重视、充分运用智库的研究成果。全国人大要加强智库建设，开展人民代表大会制度和中国特色社会主义法律体系理论研究。全国政协要推进智库建设，开展多党合作和政治协商制度、社会主义协商民主制度理论研究。人民团体要发挥密切联系群众的优势，拓展符合自身特点的决策咨询服务方式。

四、深化管理体制改革

（十三）深化组织管理体制改革。按照行政管理体制改革和事业单位分类改革的要求，遵循智库发展规律，推进不同类型智库管理体制改革。强化政府在智库发展规划、政策法规、统筹协调等方面的宏观指导责任，创新管理方式，形成既能把握正确方向、又有利于激发智库活力的管理体制。

（十四）深化研究体制改革。鼓励智库与实际部门开展合作研究，提高研究工作的针对性实效性。健全课题招标或委托制度，完善公开公平公正、科学规范透明的立项机制，建立长期跟踪研究、持续滚动资助的长效机制。重视决策理论和跨学科研究，推进研究方法、政策分析工具和技术手段创新，搭建互联互通的信息共享平台，为决策咨询提供学理支撑和方法论支持。

（十五）深化经费管理制度改革。建立健全规范高效、公开透明、监管有力的资金管理机制，探索建立和完善符合智库运行特点的经费管理制度，切实提高资金使用效益。科学合理编制和评估经费预算，规范直接费用支出管理，合规合理使用间接费用，发挥绩效支出的激励作用。加强资金监管和财务审计，加大对资金使用违规行为的查处力度，建立预算和经费信息公开公示制度，健全考核问责制度，不断完善监督机制。

（十六）深化成果评价和应用转化机制改革。完善以质量创新和实际贡献为导向的评价办法，构建用户评价、同行评价、社会评价相结合的指标体系。建立智库成果报告制度，拓宽成果应用转化渠道，提高转化效率。对党委和政府委托研究课题和涉及国家安全、科技机密、商业秘密的智库成果，未经允许不得公开发布。加强智库成果知识产权创造、运用和管理，加大知识产权保护力度。

（十七）深化国际交流合作机制改革。加强中国特色新型智库对外传播能力和话语体系建设，提升我国智库的国际竞争力和国际影响力。建立与国际知名智库交流合作机制，开展国际合作项目研究，积极参与国际智库平台对话。坚持引进来与走出去相结合，吸纳海外智库专家、汉学家等优秀人才，支持我国高端智库设立海外分支机构，推荐知名智库专家到有关国际组织任职。重视智库外语人才培养、智库成果翻译出版和开办外文网站等工作。简化智库外事活动管理、中外专家交流、举办或参加国际会议等方面的审批程序。坚持以我为主、为我所用，学习借鉴国外智库的先进经验。

五、健全制度保障体系

（十八）落实政府信息公开制度。按照政府信息公开条例的规定，依法主动向社会发布政府信息，增强信息发布的权威性和及时性。完善政府信息公开方式和程序，健全政府信息公开申请的受理和处置机制。拓展政府信息公开渠道和查阅场所，发挥政府网站以及政务微博、政务微信等新兴信息发布平台的作用，方便智库及时获取政府信息。健全政府信息公开保密审查制度，确保不泄露国家秘密。

（十九）完善重大决策意见征集制度。涉及公共利益和人民群众切身利益的决策事项，要通过举行听证会、座谈会、论证会等多种形式，广泛听取智库的意见和建议，增强决策透明度和公众参与度。鼓励人大代表、政协委员、政府参事、文史馆员与智库开展合作研究。探索建立决策部门对智库咨询意见的回应和反馈机制，促进政府决策与智库建议之间良性互动。

（二十）建立健全政策评估制度。除涉密及法律法规另有规定外，重大改革方案、重大政策措施、重大工程项目等决策事项出台前，要进行可行性论证和社会稳定、环境、经济等方面的风险评估，重视对不同智库评估报告的综合分析比较。加强对政策执行情况、实施效果和社会影响的评估，建立有关部门对智库评估意见的反馈、公开、运用等制度，健全决策纠错改正机制。探索政府内部评估与智库第三方评估相结合的政策评估模式，增强评估结果的客观性和科学性。

（二十一）建立政府购买决策咨询服务制度。探索建立政府主导、社会力量参与的决策咨询服务供给体系，稳步推进提供服务主体多元化和提供方式多样化，满足政府部门多层次、多方面的决策需求。研究制定政府向智库购买决策咨询服务的指导意见，明确购买方和服务方的责任和义务。凡属智库提供的咨询报告、政策方案、规划设计、调研数据等，均可纳入政府采购范围和政府购买服务指导性目录。建立按需购买、以事定费、公开择优、合同管理的购买机制，采用公开招标、邀请招标、竞争性谈判、单一来源等多种方式购买。

（二十二）健全舆论引导机制。着眼于壮大主流舆论、凝聚社会共识，发挥智库阐释党的理论、解读公共政策、研判社会舆情、引导社会热点、疏导公众情绪的积极作用。鼓励智库运用大众媒体等多种手段，传播主流思想价值，集聚社会正能量。坚持研究无禁区、宣传有纪律。

六、加强组织领导

（二十三）高度重视智库建设。各级党委和政府要充分认识中国特色新型智库的地位和作用，把智库建设作为推进科学执政、依法行政、增强政府公信力的重要内容，列入重要议事日程。建立健全党委统一领导、有关部门分工负责的工作体制，切实加强对智库建设工作的领导。

（二十四）不断完善智库管理。有关部门和业务主管单位要按照谁主管、谁负责和属地管理、归口管理的原则，切实负起管理责任，建章立制，立好规矩，制定具体明晰的标准规范和管理措施，确保智库所从事的各项活动符合党的路线方针政策，遵守国家法律法规。加强统筹协调，做好整体规划，优化资源配置，避免重复建设，防止一哄而上和无序发展。

（二十五）加大资金投入保障力度。各级政府要研究制定和落实支持智库发展的财政、金融政策，探索建立多元化、多渠道、多层次的投入体系，健全竞争性经费和稳定支持经费相协调的投入机制。根据不同类型智库的性质和特点，研究制定不同的支持办法。落实公益捐赠制度，鼓励企业、社会组织、个人捐赠资助智库建设。

（二十六）加强智库人才队伍建设。各级党委和政府要把人才队伍作为智库建设重点，实施中国特色新型智库高端人才培养规划。推动党政机关与智库之间人才有序流动，推荐智库专家到党政部门挂职任职。深化智库人才岗位聘用、职称评定等人事管理制度改革，完善以品德、能力和贡献为导向的人才评价机制和激励政策。探索有利于智库人才发挥作用的多种分配方式，建立健全与岗位职责、工作业绩、实际贡献紧密联系的薪酬制度。加强智库专家职业精神、职业道德建设，引导其自觉践行社会主义核心价值观，增强社会责任感和诚信意识，牢固树立国家安全意识、信息安全意识、保密纪律意识，积极主动为党和政府决策贡献聪明才智。

各地区各有关部门要结合实际，按照本意见精神制定具体办法。

《人民日报》（2015 年 01 月 21 日 01 版）

附录二　政府工作报告

—— 2022 年 1 月 23 日在秦皇岛市第十五届人民代表大会
第二次会议上

秦皇岛市人民政府市长　丁伟

各位代表：

现在，我代表秦皇岛市人民政府向大会作工作报告，请予审议，并请市政协委员和列席人员提出意见。

一、2021 年工作回顾

2021 年是具有里程碑意义的一年。中国共产党成立 100 周年，实现了第一个百年奋斗目标，全面建成了小康社会，正向着第二个百年奋斗目标迈进。一年来，我们坚持以习近平新时代中国特色社会主义思想为指导，深入贯彻党的十九大和十九届历次全会精神，全面落实习近平总书记重要指示批示和党中央决策部署，在省委省政府和市委的坚强领导下，立足新发展阶段，完整准确全面贯彻新发展理念，主动服务和融入新发展格局，奋发有为推动高质量发展，较好完成市十四届人大六次会议、市十五届人大一次会议确定的主要目标任务，实现了"十四五"和现代化建设的良好开局。

——经济发展实现稳中向好。统筹疫情防控和经济社会发展，压实"四方责任"，落实"四早"要求，建成"八支队伍"和"七套信息化系统"，积极推进疫苗接种，严格落实常态化疫情防控措施，全市疫情防控形势总体平稳。坚持稳中求进工作总基调，加强经济运行调度，积极扩大投资和内需，扎实做好"六稳""六保"工作，经济发展保持了良好态势，发展质量效益不断提高。地区生产总值增长 6.8%，达到 1843.8 亿元，固定资产投资增长

5.2%，一般公共预算收入增长8.7%，规模以上工业增加值增长6.2%，社会消费品零售总额增长5%，实际利用外资增长11.6%，进出口总额增长11.7%，居民人均可支配收入预计增长8%。其中，地区生产总值、固定资产投资、规模以上工业增加值、实际利用外资增幅高于全省平均水平0.3、2.2、1.3、6.3个百分点。

——项目建设全面提质提速。坚持"项目为王"，健全招商机制，开展专业招商、以商招商、产业链招商，举办专题招商推介活动55场，开展小团组招商洽谈900余次，每季度开展项目集中签约和开工活动，成功举办第四届中国康复辅助器具产业创新大会。耀华退城进园项目、宏启胜高端穿戴装置SIP产品智能化生产线项目、礼鼎集成电路封装载板智能制造项目、威卡威汽车零部件和新能源组件二期、中秦兴龙康复辅具产业园、康泰医学医疗设备改扩建项目、防威科技消防科技产业园、中关村生命园昌黎科创基地项目、启浩生物100万吨酶解蛋白项目、中粮鹏泰粮食加工项目等开工建设或建成投产。实施亿元以上省市重点建设项目167项，完成投资350.89亿元。全国投资热度排行榜和促进城市发展科技能力指数均进入全国百强城市。

——产业转型升级步伐加快。坚持以高新技术引领产业转型发展，开展重点产业链供应链稳定性和竞争力提升行动，推进政校银企对接合作，促进科技成果加速转化，积极培育重点产业集群。装备制造业营业收入达到824.5亿元，成为推动工业增长第一动力。新增高新技术企业、科技型中小企业44家和301家，总数分别达到356家和3509家，5家企业获评国家"专精特新"小巨人企业，高新技术产业增加值占规模以上工业增加值34.9%。省级以上企业技术中心达到44家，新增市级以上创新平台34家，技术合同成交额72.5亿元，万人发明专利拥有量居全省首位。电子信息产业利税总额和出口交货值分居全省第3位和第1位。中信戴卡入选世界"灯塔工厂"。农业科技取得新进展，农业主推技术到位率达到95%，农业产业化经营率达到72.6%。

——沿海经济崛起带建设势头良好。建立秦皇岛港转型升级领导协调机制，积极推进秦皇岛港总体规划编制工作，研究制定秦皇岛港转型升级发展规划及实施方案，西港片区控制性详细规划批准实施。大力培育西港花园区域新兴业态，积极推进进出口贸易、海上运动、帆船游艇、休闲旅游等新项目，58个帆船游艇泊位投入运营，国际旅游港建设取得新进展。全力争取北戴河生命健康产业创新示范区国家层面先行先试政策，省级向北戴河新区新下放 28 项行政许可事项。国家康复辅具研究中心中试基地搬迁入秦，京东集团北戴河产业基地签订战略合作协议，石药生物医药研发基地主体工程竣工，远洋蔚蓝海岸、好莱坞魔法城、渔田小镇等项目建成投运，阿那亚成为休闲度假现象级产品。山海关中国长城文化博物馆开工建设，成功联合举办首届"一带一路"·长城国际民间文化艺术节。

——改革开放加速释放活力。承接落实 138 项改革和 19 项国家、省级改革试点任务，谋划实施深化"放管服"改革等 23 项重点改革，1358 个政务服务事项实现"最多跑一次"，政府投资审批类、社会投资核准类、备案类项目立项至开工审批时限分别压缩至 30、28、25 个工作日，企业开办全市域标准化建设走在全省前列。全面落实助企纾困政策，为企业减税降费 11.67 亿元，新增市场主体 4.1 万户。深化开发区改革，秦皇岛经济技术开发区获批省级能级提升示范开发区，海港经济开发区获评省级特色产业示范开发区，综合保税区增值税一般纳税人资格试点获批，在国家年度综合考评中由 C 级晋升为 B 级。金融、国企、农村等领域改革扎实推进。深度融入京津冀协同发展大局，城市地位和区域影响力不断提升。

——生态环境质量持续改善。深入开展大气污染防治攻坚战，整治 141 家涉 VOCs 企业和 86 家重点排污大户，淘汰国三及以下重型柴油货车 7350 辆，完成清洁取暖改造任务 7.97 万户，$PM_{2.5}$ 平均浓度 34 微克/立方米，成为国家空气质量二级标准城市。深入实施河湖长制、湾长制，持续整治河湖"四乱"，11 个国省考核地表水断面水质达标率、近岸海域优良海水比例均达到 100%，旅游旺季水环境质量创历史最佳，13 条主要入海河流水质达到Ⅲ类，新河、洋河入选省"秀美河湖"，河长制经验被推荐为中央改革办典型案例。全面推行林长制，营造林 27.4 万亩。加快推进违法违规用地专项整治，完成责任主体灭失矿山迹地治理 57 处。实现美丽与发展同行，蓝天白云和绿水青山越来越多。

——城乡面貌发生新变化。市国土空间总体规划、北戴河地区国土空间规划等取得阶段性成果。秦唐高速秦皇岛段前期工作全面完成，遵秦高速秦皇岛段加快建设，海滨路东西延伸工程竣工通车。供水、供气和垃圾处理能力显著提升。开展城市、城乡接合部和农村环境整治，全面清理背街小巷死角死面和城乡垃圾，各县区全部达到"洁净城市"标准。新建和改造公园游园 40 座，5.44 公里的西环路带状体育公园建成开放。新增城市公共停车位 10930 个。开展县城建设提质升级三年行动，启动实施公共服务项目 25 项。改造提升"四好农村路"522 公里，完成 5.5 万座农村户厕改造、139 个村庄生活污水治理。顺利通过全国文明城市测评，获评国家卫生城市称号，被世界卫生组织授予 2021 年"世界无烟日奖"，入选"2021 文旅高质量发展城市名录"，一流国际旅游城市建设取得新进步。

——民生保障水平不断提高。扎实开展"我为群众办实事"实践活动，高质量推进省 20 项民生工程、市 20 件民生实事，民生支出占一般公共预算支出的 84%。基本养老、医疗、低保等保障水平持续提高，城镇新增就业 6.5 万人。改造老旧小区 98 个、棚户区 7811 套，建成智慧安防小区 1323 个，海阳农副产品批发市场项目一期基本建成。新建扩建中小学 15 所，课后服务和城乡幼儿园实现全覆盖。北医三院秦皇岛医院获批国家第二批区域医疗中心试点，市第一医院成为全省首家实行预住院管理模式试点单位，乡镇卫生院和社区卫生服务中心标准化建设覆盖率达到 93.3%。文化事业繁荣发展，全民健身与竞技体育互促互进。安全生产、食品药品安全形势稳定向好。公安系统"八大攻坚战"取得显著战果。旅游旺季服务保障再创历史最好。

过去一年，我们深入学习宣传贯彻党的十九届六中全会精神，扎实开展党史学习教育和"四史"宣传教育，政治建设更加坚强。深入开展"三重四创五优化"活动，优化 12345 政务服务便民热线和智慧城管平台，帮助群众解决诉求超过 47 万件。自觉接受人大法律监督、工作监督和政协民主监督，696 件人大代表建议和政协提案全部按时办复，满意率达到 100%，在省政府系统考核中获评优秀承办单位，全省排名第一。严格规范公正文明执法，法治政府建设迈出新步伐。国防动员、民族宗教、新闻出版、外事侨务、海关海事、人防海防、审计统计、气象地震、史志档案、援疆援藏、妇女儿童、老龄和关心下一代、残疾人、红十字等事业取得新进步。

各位代表，过去一年，面对世纪疫情和百年变局交织的形势，我们主动作为，克难奋进，经济社会发展取得的成绩实属不易。这是习近平新时代中国特色社会主义思想科学指引的结果，是省委省政府和市委坚强领导的结果，是全市广大干部群众拼搏奋斗、共同努力、积极进取的结果，是市人大、市政协和社会各界有力监督支持的结果。在此，我代表秦皇岛市人民政府，向全市人民，向各位人大代表、政协委员，向各民主党派、工商联、无党派人士、人民团体，向驻秦人民解放军、武警官兵、政法干警和消防救援队伍指战员，向中省属驻秦单位，向所有关心支持秦皇岛发展建设的社会各界人士和海内外朋友，致以崇高的敬意和衷心的感谢！

看到成绩的同时，我们也要清醒看到经济社会发展仍面临许多矛盾和问题，疫情变化存在诸多不确定性，经济增长的基础不牢固；市场投资意愿不振，内需恢复偏弱，旅游消费尚未恢复到正常年份；上游产品价格波动较大，产业链供应链还存在堵点断点，部分企业生产经营出现困难；教育、医疗等民生保障还有短板，城乡人居环境方面存在不少薄弱环节，生态环境治理任重道远；形式主义、官僚主义不同程度存在，营商环境亟待改善，作风建设还需进一步加强。对此，我们一定要坚持问题导向，以更大决心和力度切实加以解决。

二、2022 年工作总体要求和主要目标

今年是党的二十大召开之年，也是实施"十四五"规划承上启下的关键之年。做好今年经济社会发展工作，有挑战更有机遇，有压力更有动力，有困难更有空间。只要我们胸怀"两个大局"，加强全局性谋划、战略性布局、整体性推进，勇担使命，锐意进取，就一定能够推动全市经济社会发展乘风破浪、行稳致远，开创高质量发展的新局面。

今年政府工作的总体要求是：坚持以习近平新时代中国特色社会主义思想为指导，全面贯彻落实党的十九大和十九届历次全会精神，全面落实习近平总书记对河北工作重要指示批示、党中央决策部署和省委省政府、市委工作要求，弘扬伟大建党精神，增强"四个意识"，坚定"四个自信"，做到"两个维护"，坚持统筹推进"五位一体"总体布局和协调推进"四个全面"战略布局，坚持以经济建设为中心，坚持稳中求进工作总基调，立足新发展阶段，完整准确全面贯彻新发展理念，主动服务和融入新发展格局，全面深化改革开放，坚持创新驱动发展，推动高质量发展，坚持以供给侧结构性改

革为主线，统筹疫情防控和经济社会发展，深化经济结构调整和产业转型升级，深化污染防治和生态文明建设，继续做好"六稳""六保"工作，突出保就业、保民生、保市场主体，抓投资、上项目、促发展，优化营商环境，保持经济运行在合理区间，保持社会大局稳定，奋力开创一流国际旅游城市建设新局面，以优异成绩迎接党的二十大胜利召开。

综合考虑国内外发展环境和我市各方面支撑条件，与"十四五"规划目标任务相衔接，确定今年经济社会发展主要预期目标为：地区生产总值增长7%左右，一般公共预算收入增长7%，规模以上工业增加值增长7%以上，固定资产投资增长12%以上，社会消费品零售总额增长8%左右，进出口总额增长5.5%左右，居民人均可支配收入增长8%左右，居民消费价格指数涨幅控制在3%左右，城镇调查失业率5.5%以内，PM2.5平均浓度34微克/立方米，每万元生产总值能耗下降3.5%以上。上述目标的设定，体现了稳字当头、稳中求进要求，兼顾当前需求和未来发展，有利于推动经济高质量发展和保持社会和谐稳定，是积极的、可行的。这里特别需要说明的是，今年要把稳增长放在更加突出位置，在经济增长7%左右的基础上，努力多超，以进促稳，力争经济总量突破2000亿元，早日迈上新台阶。

做好今年工作，必须进一步突出重点，以重点工作的突破带动全局的发展，凝心聚力抓好"六件大事"：聚焦"好于往年、历史最好"目标，高标准做好旅游旺季服务保障；聚焦国家重大文化工程，高质量推进长城国家文化公园（秦皇岛段）建设；聚焦创建国家全域旅游示范区，推进一流国际旅游城市建设；聚焦延链补链强链，加快沿海经济崛起带建设；聚焦用足用好政策机遇，全力建设北戴河生命健康产业创新示范区；聚焦港产城融合，坚定不移推动港口转型升级。"六件大事"是省委省政府交给秦皇岛重大而艰巨的任务，相互支撑、彼此融合，契合秦皇岛的功能定位和发展需要，全市上下一定要抓好落实。

做好今年各项工作，要完整准确全面贯彻新发展理念，切实做到"六个更加注重"。必须更加注重项目和投资，把项目建设和投资摆在更加突出的位置，做大增量优化总量，全力以赴扩大有效投资，积极培育新的经济增长点和增长极。必须更加注重创新和改革，坚持科技创新和制度创新"双轮驱动"，推动科技创新力量布局、要素配置、人才队伍体系化、协同化，切实破除制约创新和发展的制度藩篱，激发创新创业和创造活力。必须更加注重企业和企业家，弘扬企业家精神，尊重、爱护企业家，下大力培育有核心竞争力的优秀企业，为企业和企业家创造良好的发展环境，打牢高质量发展的微观基础。必须更加注重优化服务和环境，树立营商环境就是生产力的理念，精准高效为群众和市场主体解决困难和问题，坚决破除影响项目落地、企业发展的各种障碍，营造重商亲商的浓厚氛围。必须更加注重保障和改善民生，坚持把群众需要作为第一选择，把群众满意作为第一标准，定决策、办事情充分考虑民愿民盼，从最具体工作抓起，把民生实事一件一件办好，让改革发展成果更多惠及人民群众。必须更加注重统筹发展和安全，坚持总体国家安全观，增强机遇意识和风险意识，树立底线思维，注重防范化解各类风险隐患，为高质量发展提供坚实的安全保障。

三、2022 年重点工作任务

做好今年工作，必须统筹兼顾，突出重点，把握关键，整体推进，下大力抓好十方面工作：

（一）积极扩大有效投资，充分释放内需潜力。紧紧扭住发展第一要务，把扩大投资和消费作为经济工作的重点，充分发挥扩大内需对经济的拉动和促进作用。大力抓好项目建设。坚持一切围绕项目转、一切聚焦项目干，把项目建设同招商引资、园区建设、科技创新、产业培育一起抓，聚焦高新技术产业、战略性新兴产业、绿色低碳产业、现代农业和服务业及"两新一重"、民生短板弱项等重点领域，做好项目谋划和储备，紧盯项目签约率、开工率、投产率，一环扣一环抓好项目建设。今年安排省市重点建设项目257项，全年完成投资400亿元以上，持续抓好耀华玻璃、礼鼎科技载板、益海嘉里食品工业园、康泰医学产业园、京东智慧谷、联动天翼新能源重卡等重大项目建设。谋划和管好用好政府专项债券，扎实做好项目前期，加快资金投放和项目建设进度，加强债券资金使用管理，尽快形成更多实物工作量。突出抓好"实、考、保、包、促、评"，强化清单管理，落实包联责任，建立项目落地保障和考评激励机制，继续组织开展季度项目集中签约、集中开工和定期观摩活动，形成谋划、开工、投产、储备"四个一批"的梯次发展格局。促进消费加速恢复。在做好常态化疫情防控工作的同时，加大对旅游、商业、宾馆饭店等服务业企业的支持，精心组织营销促销活动，做活新茂业、万达、太阳城、世纪港湾等重点商圈，打造一批购物街区、美食街区、"夜经济"街区和商业消费体验中心，推动传统服务业向高品质和多样化升级。稳定大宗消费，促进汽车特别是新能源汽车消费。坚持"房住不炒"定位，支持商品房市场更好满足购房者的合理住房需求，因城施策促进房地产业良性循环和健康发展。鼓励定制、绿色、体验消费，推动线上线下消费模式融合发展，规范发展直播带货、网红经济、社交电商等新业态，打造一批电子商务示范基地和企业。完善县乡村电子商务和快递物流体系，加快农贸市场改造升级，全面激活农村消费市场。保持经济平稳运行。加强经济运行调度，确保经济稳定运行，指标持续向好。全面落实减税降费等惠企政策，确保直达企业直达群众，帮助各类企业特别是中小微企业、个体工商户减负纾困。常态化开展政银企对接活动，深入企业走访，定期召开企业家座谈会，加大对企业的工作支持和政策支持，通过多种方式引导社会预期，激发市场主体活力，提振市场信心。同时，抓好"煤、电、油、气、运"等生产要素保障，研究制定运行保障方案和应急保供方案，加强能源应急储备体系建设，全力保障企业正常生产经营。

（二）强化科技创新引领，加速新旧动能转换。坚持把创新作为引领发展的第一动力，以创新培育新的产业支撑、打造新的发展引擎。培育壮大科技创新主体。充分发挥科技创新对培育产业竞争新优势的引领作用，实施高新技术企业提质跃升和科技型中小企业梯次培育工程，扎实推进"千项技改""百项示范"项目，鼓励企业引进先进装备、先进技术和优秀人才，稳步提升科技研发投入，新增高新技术企业 30 家、科技型中小企业 200 家、省级"专精特新"中小企业 10 家以上，高新技术产业增加值增长 10% 以上，壮大科技创新的主力军、生力军。着力培育具有核心竞争力的头部企业和"专精特新"小巨人企业，重点实施一批技术含量高、创新能力强、产业链条长的重大项目，改造提升传统优势产业，培育壮大战略性新兴产业，布局和发展未来高潜产业。打造高能级科技创新平台。发挥我市高校聚集优势，调动高校、企业双方积极性，建立企业需求信息和高校科研成果发布平台，开通供需对接"直通车"，促成更多科研成果在我市转化。支持企业与高校共建实验室、技术创新中心，在产品研发、技术攻关和行业标准制定等方面开展合作。争创国家、省级重点实验室和技术创新中心，推进亚稳材料制备技术与科学国家重点实验室重组。提升科技企业孵化器、大学科技园、众创空间等创新创业载体效能，新增市级以上重点科技创新平台 20 家，完成技术合同成交额 50 亿元。培养引进用好创新人才。推进"人才强秦"工程，完善培养、引进、使用、评价、激励机制，实施"港城英才"支持计划，培养支持一批"秦皇岛市领军人才""秦皇岛市创新创业人才""秦皇岛市青年拔尖人才"，积极落实科学研究、子女入学、住房保障、医疗服务等方面政策，让创新人才在秦皇岛大有可为、大有作为，让创新创业成为秦皇岛的城市基因、精神风尚。

（三）全力延链补链强链，构建现代产业体系。围绕生命健康、文化旅游、先进装备制造三大产业板块，开展延链补链强链专项行动，培育重点产业集群，提升三大产业核心竞争力。大力发展文化旅游产业。丰富旅游业态，优化产品供给，推动旅游与文化、体育、康养和城市深度融合发展。依托滨海旅游和长城文化两大核心资源，高质量建好长城国家文化公园（秦皇岛段），加快山海关中国长城文化博物馆建设。抓好北戴河、北戴河新区、山海关、西港片区、祖山景区、碣石山景区等重点旅游聚集区建设，推进金梦海湾区域五星级酒店和公共旅游设施建设。办好"一带一路"·长城国际民间文化艺术节、旅发大会、葡萄酒节、阿那亚戏剧节等品牌活动，年内秦皇岛博物馆高水平开馆。开拓早春、晚秋和冬季旅游市场，补齐季节性旅游短板，创建国家全域旅游示范区。做大做强先进制造产业。围绕建设制造业强市，深化"链长制"，实施规模以上工业企业递增计划，积极推进与京东集团、臻鼎科技、益海嘉里、凯盛科技、联动天翼等企业集团的战略合作，重点发展医药医疗、汽车零部件、电子信息、高端装备制造、粮油食品加工、新型材料等 6 大先进制造业集群，引进先进技术和资本，推进企业集群集聚发展。以新一代信息技术与制造业深度融合为重点，加快 5G+ 工业互联网平台建设，以数字经济赋能先进制造业。发展壮大重型装备制造、发电设备、输变电设备出海口基地。全年规模以上装备制造业产业增加值、汽车零部件产业增加值和电子信息产业主营业务收入全部增长 10% 以上，新增规模以上工业企业 30 家。全面推进生命健康产业。积极争取北戴河生命健康产业创新示范区国家先行先试政策落地，争创第二类医疗经营备案"全程网办"试点城市和医疗器械跨省互认试点城市，大力引进国内外优质医疗资源，加快布局医疗康养项目，创新管理体制机制，着力构建医药养健游五位一体、医药、医疗设备和康复辅具齐头并进的生命健康产业体系。抓好北戴河生命健康产业创新示范区、康泰医学产业园、中秦兴龙康复辅具产业园、中关村生命园昌黎科创基地、河港集团健康大数据产业园等5个重点园区建设。加快推进医疗器械产业港、京东生命健康研发基地、现代化中药示范基地等重点项目建设。办好第五届中国康复辅助器具产业创新大会、第六届中国康养产业发展论坛、北戴河生命科学峰会等重大活动，推动生命健康领域招商引资和产业聚集有新突破。

（四）坚定扩大对外开放，着力打造竞争优势。把开放作为推动高质量发展的必由之路，抢抓京津冀协同发展等战略机遇，因地制宜促进高水平开放。打造高能级产业园区。实施开发区能级提升、动力提升、活力提升攻坚行动，推进人事、薪酬、审批和财政等制度改革，激发开发区发展内生动力。巩固和保持秦皇岛经济技术开发区在全省的领先地位，对标全国第一方阵开发区，提升规模、能级和质量。推动省级开发区快速发展，海港经济开发区、昌黎经济开发区加快建设千亿级园区，加快实现百亿以下省级开发区全部清零。加快北戴河新区医药养健游全产业链发展，推进秦皇岛高新区项目建设取得新突破，产业项目及配套设施投资突破百亿。加快融资租赁、保税展示交易等自贸区政策向综合保税区延伸，充分发挥一般纳税人资格试点政策潜力，确保进入全国百强保税区行列。推进沿海经济崛起带建设。充分发挥临港临海优势，打造新的经济增长极。加快秦皇岛港总体规划和转型升级发展规划报批，积极推进秦皇岛港转型发展，建设国际旅游港和现代综合贸易港。加快西港片区开发建设，推进东港区粮油食品园区建设，统筹做好煤炭运输转移、新型业态培育、西港花园建设等重点工作，打造港产城融合发展示范区。加快临港经济、海洋经济创新发展，扩大境外船舶维护和维修服务贸易，大力发展船艇及海洋工程装备、海洋生物等重点产业，开拓修船业务新领域和船舶配套产业，建设国家级海洋牧场示范区。放大外资外贸基本盘。落实外贸主体壮大、外贸新业态培育等"六大工程"，打造一批外贸龙头企业，推动外贸新模式、新业态加快发展。实施跨境电子商务健康发展三年行动计划，建设好跨境电商零售进口试点城市。支持外贸企业参加广交会、亚欧博览会等国际性展会，开拓国际市场，扩大出口规模。落实外商投资准入负面清单以外投资无限制政策，吸引更多外商投资，推动外资项目加速落地。通过扩大高水平开放，释放潜在发展优势，广聚优质发展要素，打造沿海开放新高地。

（五）深化重点领域改革，营造良好发展环境。发挥改革的突破和先导作用，以直面问题、自我革命的勇气，加快破除制约高质量发展的体制机制障碍。持续推进重点领域改革。深化"放管服"改革，建立简政放权"点菜""端菜"对接机制，全面推行"互联网＋政务服务"，加快行政许可事项标准化、证照分离、证照联办、投资项目审批改革，实现涉企经营和民生服务常办、常用电子证照全覆盖，高频便民服务全部自助办理，市县两级727项事项全流程网办，"一次不用跑"和"最多跑一次"事项分别达到80%和85%，网上可办率达到100%。深化国资国企改革，打好国企改革三年行动收官战，做大做强国有重点融资平台，支持耀华重塑百年辉煌。深化财税改革，健全预算管理机制，加强财政资源统筹，管好用好一般预算资金、政府性基金和国有资本收益。加快农信社改革，大力发展普惠性金融。完善企业挂牌上市奖励政策，建立多层次拟挂牌上市重点企业后备资源库，支持鼓励更多企业上市融资，提高直接融资比例。深化农业农村综合改革，稳慎推进农村宅基地改革试点，完成青龙满族自治县宅基地改革省级试点建设任务，探索农村集体经营性建设用地入市，土地流转规范率达到91%以上。打造一流营商环境。全面对标先进地区先进经验，实施市场、政务、法治、金融、信用环境提升工程，紧紧扭住为企业解决"急难愁盼"问题这个"牛鼻子"，找准影响营商环境的堵点难点，加快推动政务环境、服务环境、法治环境、市场环境的根本性改善。政务服务大厅增设"办不成事"反映窗口，畅通企业反映问题渠道，做到无事不扰、有呼必应。建立快速办理机制，加强职能部门协作配合，抓好政策衔接落实，构建横向协同、纵向联动的一体化办理机制。建立服务企业直通车长效机制，实现企业问题和诉求收集、办理、反馈、督办、评价全过程管理，当好服务企业的"店小二"。加快推进高标准市场体系建设，依法保护各类市场主体产权和合法权益。落实以信用为基础的新型监管机制，争创全国社会信用体系建设示范城市。发展壮大民营经济。坚持"两个毫不动摇"，落地落细落实鼓励、支持、引导民营经济发展政策，坚决打破各种"卷帘门""玻璃门""旋转门",保障民营企业依法平等使用资源要素,公开公平公正参与竞争。实施龙头企业"培强扶优"工程,引导中小企业向产业集群协作配套转型,让更多企业进入全省百强行列,真正发挥民营经济在经济发展中的生力军作用。

(六)全面推进乡村振兴,提升"三农"工作水平。坚持农业农村优先发展,促进农业产业发展稳基础提效益、乡村建设稳步伐提质量、农民增收稳势头提后劲。巩固拓展脱贫攻坚成果。严格落实"四个不摘"要求,保持过渡期内帮扶政策稳定,健全防贫防返贫监测和帮扶机制,做到有返贫致贫风险和突发严重困难的农户监测全覆盖,全面落实"2+3"帮扶政策,守住不发生规模性返贫的底线。深化产业、就业、科技和易地搬迁后续帮扶,持续开展"百企兴百村"行动,推动农民群众生活水平持续改善。推动农业高质量发展。切实保障粮食安全,坚决遏制耕地"非农化"、防止"非粮化",确保耕地保有量259万亩以上,粮食播种面积稳定在192.8万亩以上。深化农业供给侧结构性改革,做好昌黎葡萄、山海关大樱桃、青龙板栗、卢龙甘薯、抚宁生猪,以及蔬菜、肉鸡、海产品等优势产业,推动品种培优、品质提升、品牌打造和标准化生产,农业标准化覆盖率达到74%以上,主要农作物绿色防控技术覆盖率达到45%以上,畜禽养殖废弃物资源化利用率达到92%以上。加快农业新技术、新品种、新成果推广应用,打造提升农业创新精品驿站4家,为农业高质量发展提供科技支撑。着力培育现代农业园区,培育和发展农产品物流、仓储和加工业,积极培育新型农业经营主体,新增注册家庭农场600家,农民合作社省级示范社达到70家以上,提高农业产业化水平。深入实施乡村建设行动。做好村庄规划编制,推动乡村振兴示范区创建,实现全市乡村振兴示范区数量、质量"双提升",打造青龙肖营子乡村振兴省级示范区。实施农村人居环境整治提升五年行动,完善城乡一体化生活垃圾收集处理体系,改造农村户厕4.2万座,完成968个村的生活污水无害化处理工程,实现具备条件的村庄分类施策无害化处理设施全覆盖。加强农村基础设施建设,建设改造"四好农村路"318公里,打造美丽乡村50个以上,创建县级以上文明村镇比例达到65%以上,继续做好农村清洁取暖工作,保护传统村落和乡村特色风貌。大力发展县域经济。制定实施县域经济加快增长计划,开展县域特色产业振兴行动,围绕6个县域特色产业集群,做强做优立县特色主导产业，推动县域产业集中集约集群发展。建立龙头企业培育库，以龙头企业、重大项目和重点产品为抓手，积极发展上下游关联产业、配套产业和支撑产业，促进县域经济特色化、特色经济集群化，提升县域经济发展能级。推进县城建设提质升级三年行动，分类引导小城镇特色化发展，提升重点镇、特色小镇、中心村的规模和品质。落实城市区、县城镇、建制镇"零门槛"落户政策，加快农业转移人口市民化，常住人口城镇化率达到65%左右。

（七）对标对表一流标准，精细建设管理城市。坚持人民城市人民建、人民城市为人民，统筹做好规划、建设和管理工作，打造最干净最绿色最美丽海滨城市。全面提升规划水平。坚持多规合一，科学划定落实永久基本农田、生态保护红线和城镇开发边界三条控制线，完成市国土空间总体规划编制，推进县、乡国土空间总体规划编制，加快北戴河地区国土空间规划编制报审，全面开展城市设计，持续推进控制性详细规划维护更新，建立城市（县城）特色风貌管控正负面清单，加快形成与一流国际旅游城市相适应的规划体系。系统推进城市更新。围绕打造城市亮点和解决城市发展中的短板问题，实施棚户区改造提升、老旧小区综合整治、历史资源保护利用、基础设施提质扩能、城市容貌综合治理等专项行动，提升城市功能品质。加强完善城市路网建设，开工建设民族南路延伸、燕山大街西延伸、河北大街东段新开河桥等工程，接续打通"断头路"。推进遵秦高速、秦唐高速、卢新高速支线等重大交通工程建设。推进秦皇岛火车站北站房北广场建设，带动中心城区铁路北部地区开发。实施中心城区五大片棚户区改造，新开工棚户区改造1600套以上、基本建成2100套以上，集中力量抓好返迁房建设和回迁工作，确保群众尽早回迁入住。积极探索老旧小区改造新机制、新模式，完成61个老旧小区改造提升。推动实施市政老旧管网和燃气管道老化更新改造，积极推进海绵城市建设，完成第一、第三污水处理厂提标改造，实现城市生活污水无害化处理全覆盖。综合整治城市环境。以绣花针功夫治理城市，全面推进智慧城管平台建设，强化线下整治整改，案件按时办结率达到90%以上，实现城市运行线上线下"一网统管"。推进净化绿化亮化美化，改造提升"四化"样板示范街道27条，新增公共停车位8000个，新建提升公园游园20座，新建口袋公园、小微绿地40个。坚持"以克论净"清扫城市道路，积尘负荷比去年下降20%以上。完成主城西部、昌黎、卢龙、青龙4座生活垃圾焚烧处理设施建设，推进生活垃圾分类工作，北戴河区、北戴河新区建成全区域生活垃圾分类示范区。

（八）践行绿色发展理念，持续改善生态环境。深入贯彻习近平生态文明思想，坚持精准、科学、依法治污，以良好生态为高质量发展赋能。坚决打好污染防治攻坚战。深入实施空气质量提升行动，开展"煤企车尘港"五源同治，推进PM$_{2.5}$、PM$_{10}$、O$_3$等污染物协同治理，加快VOCs示范区建设，深化重污染天气重点行业绩效分级和差异化管控。持续推进水污染防治工程，严格落实河湖长制、湾长制，抓好生态修复、河道清理、截污纳管、地下水超采治理等工程建设，解决傍河沿河养殖问题，确保河流水质稳定达标，旅游旺季主要入海河流达到Ⅲ类水质，北戴河主要海水浴场水质达到Ⅰ类标准。强化土壤污染防治行动，加快农村生活垃圾处理设施建设，严格建设用地土壤污染风险管控，严厉打击危险废物非法转移、倾倒、处置等违法行为。统筹山水林田湖海治理修复。实施国土空间绿化工程，完成营造林25万亩。加强5类11处自然保护地管控，实施好滦河口及七里海湿地生态修复。深化林长制，开展全民所有自然资源资产所有权委托代理机制试点工作，探索建立自然资源资产储备、保护和利用制度。严厉打击非法采矿、采石、采砂行为，规范有证矿山企业生产活动，推进矿山整合重组，加强关闭取缔矿山治理、地表修复和土地复垦，让闭矿和废弃矿山披绿重生。推进县区创建省级森林城市、森林乡村。推动绿色低碳发展。编制碳达峰实施方案、碳达峰碳中和保障方案，下大力调整产业、能源、交通运输结构，推动能耗"双控"向碳排放总量和强度"双控"转变。开展可再生能源替代和重点行业减污降碳行动，推进用能权、排污权交易改革，积极发展光伏、风电、氢能、储能。实施全面节约战略，加快构建废弃物循环利用体系，推动生产生活方式绿色转型，倡导简约适度、绿色低碳的生活方式，让美丽港城青山常在、绿水长流、蓝天永驻。

（九）突出办好民生实事，着力保障改善民生。坚持以人民为中心的发展思想，认真组织实施好20项民生实事，加快补齐民生短板，让更多改革发展成果惠及人民群众。大力促进就业创业。坚持就业优先，抓好高校毕业生、退役军人、农民工、残疾人等重点群体就业，城镇新增就业5.25万人，开展职业技能培训 4.48 万人次。实施就业服务质量提升行动，积极搭建供需平台，推动企业用工需求、职业技能培训、劳动者就业意愿精准对接。提升"港城福嫂"家政服务品牌。全面落实创业担保贷款、创业补贴等政策，优化创业创新环境，放大创业带动就业倍增效应。完善多层次社会保障体系。深化社会保障制度改革，推进社保扩面提质增效。深化"四医联动"改革，建立全市统一的城乡居民医保救助制度，提升职工医保门诊待遇水平和大病保障能力，构建医保基金使用监督管理机制。开展城乡低保提标和特困救助供养标准调整。做好社会救助、优抚安置工作。办好人民满意的教育。优化基础教育资源配置，新改扩建中小学 10 所，推进"教育十条"，促进义务教育优质均衡发展，推动高中教育提质发展，支持和规范民办教育发展。落实"双减"政策，全面规范校外培训行为。完善职业教育产教融合办学体制，推动现代职业教育高质量发展。服务驻秦高校高质量内涵式发展，支持燕山大学"双一流"建设，支持东北大学海洋工程国际联合研究院建设。加快建设健康秦皇岛。深化医药卫生体制改革，巩固提升乡村一体化管理成果，抓好乡村卫生队伍建设，增强基层卫生服务能力。加快北医三院秦皇岛医院、市第一医院重大疫情救治基地、市第三医院迁建等重大卫生项目建设，加速国家中医药服务出口基地建设。抓好"一老一小"服务工程，加快建设居家和社区机构相协调、医养康养相结合的养老服务体系，为 1041 户特殊困难老年人家庭实施适老化改造，实施婴幼儿照护服务试点示范工程，开展孕妇产前基因免费筛查，提高养老育幼水平。发展文化体育事业。实施文化体育惠民工程，完善市、县、乡、村四级公共文化设施，开展全民艺术普及等文化惠民项目。办好北戴河国际轮滑节、中式台球国际大师赛等品牌赛事，举办"帆船运动季""欢乐冰雪季"活动，做好后冬奥时期文章。更新健身设施 420 处，创建国家体育消费试点城市。通过组织实施民生实事项目，解决好群众所思所盼，把秦皇岛建设得更有"温度"、更有"质感"。

（十）防范化解重大风险，建设安全韧性城市。贯彻落实总体国家安全观，树牢底线思维，增强忧患意识，推动建设更高水平的平安秦皇岛。毫不放松抓好疫情防控。坚持"外防输入、内防反弹"总策略和"动态清零"总方针，压实"四方责任"，落实"四早"要求，抓细抓实"十个常态化"30 项措施，健全高效运转防控指挥作战体系，夯实基层基础工作，专群结合，群防群治，提高疫情应急处置能力，加强全市公共卫生应急保障体系建设，加快实现疫苗接种全覆盖，构建全民免疫屏障，为人民生命安全和身体健康提供坚实保障。有效防范化解风险隐患。坚持稳定大局、统筹协调、分类施策、精准拆弹，开展政府债务、金融、房地产等重点领域风险隐患排查整治。推进地方政府债务风险化解，严控政府担保和举债行为，坚决遏制新增地方政府隐性债务。开展全市金融风险化解行动，坚决打击乱办金融、非法集资等违法行为，规范民间借贷行为，牢牢守住不发生系统性、区域性风险的底线。开展整治规范房地产市场秩序专项行动，扎实推进涉房地产信访问题专项整治。切实抓好安全生产和社会稳定。强化食品药品安全监管，创建国家食品安全示范城市。深化安全生产专项整治三年行动，强化矿山、化工、危爆、道路交通等安全生产重点行业领域风险管控和隐患治理，全面排查整治城镇燃气安全隐患，坚决遏制重特大生产安全事故发生。加强应急管理工作，提升事故防范、灾害防御、统筹指挥、抢险救援和基层基础能力。做好森林防灭火和汛期防汛工作。健全欠薪治理长效机制，推动根治拖欠农民工工资问题。加强和创新社会治理，巩固信访积案化解成果。深入推进"八大攻坚战"，常态化开展扫黑除恶斗争，对各类违法犯罪持续保持高压严打态势，争创社会治安防控体系建设示范城市。

加强国防动员和征兵工作，做好退役军人服务保障，巩固"双拥"工作良好局面，推动军民融合发展。发挥好工会、共青团、妇联等人民团体桥梁纽带作用，支持社会组织、人道救援、志愿服务等健康发展，做好民族宗教、新闻出版广电、外事侨务、人防海防、气象地震、援疆援藏、妇女儿童、老龄、残疾人、红十字、关心下一代等工作。

各位代表，民之所盼、政之所向。我们一定铭记江山就是人民、人民就是江山，践行初心使命，忠诚履职尽责，建设讲政治、勇担当、高效率和有力度、有尺度、有温度的人民满意政府。我们要加强政治建设。旗帜鲜明讲政治，坚决拥护"两个确立"，增强"四个意识"，坚定"四个自信"，做到"两个维护"，学懂弄通做实习近平新时代中国特色社会主义思想，不折不扣贯彻落实习近平总书记重要指示批示和党中央决策部署，努力向党和人民交出满意答卷。我们要坚持依法行政。深入贯彻习近平法治思想，忠实履行宪法和法律赋予的职责，把法治精神、法治思维、法治方式融入政府工作全过程，按照法定权限和程序行使职权，自觉接受人大法律监督和工作监督、政协民主监督、社会舆论监督，强化审计、统计监督，高标准建设法治政府。我们要强化担当作为。坚持正确政绩观，践行"三严三实"，坚持干字当头、实字打底，以真抓的实劲、敢抓的狠劲、善抓的巧劲、常抓的韧劲推动工作落实，完善目标责任、考核体系、激励机制和容错纠错机制，为负责者负责，为干事者撑腰。我们要坚守清正廉洁。坚决贯彻全面从严治党战略部署和各项要求，深入推进政府系统党风廉政建设和反腐败斗争，持之以恒落实中央八项规定及其实施细则精神，驰而不息纠治"四风"，力戒形式主义、官僚主义，坚持勤俭节约，带头过紧日子，树立为民、务实、清廉的良好形象。

各位代表！新的征程，每一位港城儿女都是追梦人、圆梦人，每一滴汗水和每一次拼搏，都在为现代化国际化沿海强市、美丽港城添砖加瓦。让我们更加紧密地团结在以习近平同志为核心的党中央周围，在省委省政府和市委的坚强领导下，解放思想，敢于担当，开拓创新，埋头苦干，勇毅前行，奋力开创一流国际旅游城市建设新局面，以优异成绩迎接党的二十大胜利召开！